―積極現状維持外交―

『民主』台湾の未来永劫の繁栄を願って

野口五十六　白石常介

はじめに

私と台湾との出会いは、1966年2月28日、中華民国55年になります。18歳、大学1年の春休みでした。

黒い学生服に大学帽をかぶり、7日間小さな貨物旅客船に乗っての海外旅行でした。大揺れに揺れた高波も基隆港に近づく頃に静まり、甲板から朝霧の波間に浮かぶ緑したたる麗しの台湾島を眺めた瞬間に、「あ~来てよかった!」と、すっかり一目惚れでした。

台湾各地で見知らぬ人々の心温まるやさしさにふれながら周遊観光を楽しんだあと、知人の紹介で国立政治大学政治研究所の宿舎で3週間を過ごしました。そしてキャンパスの中庭に立ち、「4年後にここに留学するぞ」と、心に誓いました。私のその後の人生を決める決断でした。

もともと私は政治への関心が高く、大アジア主義に心酔していました。とりわけ中国に非常に強い問題意識を抱いていました。私が学生だった頃の中国は文化大革命の時代でした。

台湾留学時に出会った方とのご縁で、ビジネスの世界に進みましたが、そうでなければ政治家の秘書になっていたか、大学で中国語を教える職に就いていたのではないか、と思うほどです。

そんな私が台湾留学を決めたのは、当時、奨学生として中国語を学べる国が限られていたためでした。

当時はまだ1949年に発令された戦時戒厳令のさなかで、「反攻大陸」、「勿忘在莒」（臥薪嘗胆）のスローガンがあちこちに掲げられていました。街通りは自転車とオートバイが多く、客を乗せた三輪車も走っていました。

かくして私は1970年11月に台湾に渡り、国立政治大学東亜研究所の修士課程にて奨学金留学生となりました。

今だから語れますが、政治色の強い中共研究所だったことから、そこでの暮らしには独特の緊張感がありました。施設そのものの立地が街中から離れた山中であり、ゲートには門番が常駐していました。

生活の拠点は寮でしたが、そこにも監視とおぼしき者がいました。同僚と宿舎で話をしていると、しばしばドアの外に人の気配を感じ、誰が聞き耳を立てているのかとドアを開けると、バタバタと足音が逃げていきました。

そんな施設で私が出会ったのが李登輝老師でした。

1971年10月に老師は国民党に入党していまして、翌1972年に東亜研究所で「東南アジア経済」の授業を担当しました。ただ、ワンセミスター（1学期のみ）だったので、どの「李登輝関連年表」にも記載されていません。

記載されていない空白時の李登輝老師は、単なる一教授でしたが、それだけに尊い出会いでした。授業で教わったのはウォルト・ロストウの経済発展段階のテイクオフ説で、その後李登輝の人生を預言する理論的基礎をなすものでした。

授業が終わると教室の廊下で、やさしい目で「私の授業、わかりましたか?」と、声をかけてくれ補習をしてくれました。そのうえ「家に食事に来なさい」と、師母の手料理をふるまっていただいたりもしました。李登輝老師は「精神は武士道、信仰はキリスト教」というのが、私の感じた老師の有り様です。

当時、日本人留学生で師母の手料理をいただいたのは私くらいではないか、と自負しています。老師とその履歴のわずかな空白時にお会いできたことは、私の生涯の光栄です。私にとりましては、いまもなお「李総統」ではなく「李老師」なのです。

卒業後、私は長いアメリカ生活が始まり、老師とは手紙だけのやりとりとなり、あとは老師が出版された著書を熟読するだけになりました。

アメリカ行きに先立ち武見敬三参議院議員（当時慶応大学の台湾研究大学院生）を、李登輝老師に紹介し、彼に後を託して私はビジネス界に入りました。

武見氏との交流は台湾問題研究の同志としてかれこれ50年になり、金門島をはじめ台湾訪問時にはいつも同伴していました。今回も著者での対談を気持ちよく引き受けてくださいました。

1992年3月23日に、武見敬三参議院議員と台湾総統府に表敬訪問をしました。老師に「会話は英語か日本語か中国語か？」と切り出され、結局は日本語で会談させてもらいました。1時間の訪問予定が長々と延びてしまい、こちらが緊張する始末でした。

握手をする際に向けられた老師の鋭い目に、すっかり政治家になられたなとの印象を受けました。それでもうちに秘めたる偉大なる「愛」はそのままでした。李登輝老師の存在を一言で表せば「愛」となります。

私が李登輝老師に宛てた最後の手紙では、近況報告かたがた、帰国後は日本と台湾のために役に立つ活動を自分の責務にしたい、と結びました。

幸いなことに帰国早々、群馬県の同郷ということで、台湾に30年間居住し、「勤業会計師事務所（アーサーアンダーセン）」および「勤業衆信聯合会計師事務所（デロイト・トーシュ・トーマツ）に勤務して帰国した白石常介氏と出会いました。

彼と台湾の未来社会について私見を交わすうちに意気投合し、台湾と縁の深い群馬県人の共著で、「民主台湾の未来永劫の繁栄を願って」をテーマにして書いてみようということになりました。

本著書が民主台湾への応援歌になれば幸いです。

野口　五十六

◆目次◆

第1章　中共の野望と対峙してきた台湾の永遠存続を願って

第2章 鼎談編 岐路に立つ日本と台湾、大陸の関係
―青年時代に思いをはせて「李登輝老師」を語る―

ゲスト：武見敬三 参議院議員
野口五十六 白石常介 （2023年8月29日収録）

第3章　台湾の魅力

第7章　麗しの民主台湾（フォルモサ）

第1章

中共の野望と対峙してきた台湾の永遠存続を願って

国旗の不思議な球体的配列

『地球は永遠の平和を理想として太陽をめぐる一つの天体であり、人類はこの上に理想を実現する運命的実存である』
（仲小路彰）

私たちが今の台湾を見る時には「台湾有事の軍事的脅威」という問題に意識を集中してしまいがちです。確かに緊迫した脅威が続いていますので予断を許しませんが、台湾の存在意義は決してそれだけではありません。

いま民主台湾は大きな変革を遂げています。そこでしばらく台湾有事を離れて、全く別の文明的角度から台湾を見ていこうと思います。

銀河系宇宙の中で地球が太陽系の第3の惑星として誕生したのが約46億年前。そこに生命が生まれたのが約35億年前で、人類が誕生したのは約１７０万年前とされています。

そして原始部落の時代や旧石器時代を経て、やっと高等技術文明らしきものが誕生したのが、1万年から2～3万年前と推定されています。

生命は進化の過程から原始部落の時代を経て現代に至るまでの時空の中で、地球の自転によって地層に何千億回と繰り返されたさまざまな「スリコミ」を蓄積してきました。その影響ゆえに、世界各国の国旗には地政学的な原型、いわゆるプロトタイプのような潜在的な配列が造られていき、不思議な球体的配列が見られます。

東経180度の日付変更線を起点にして、地球の自転を赤道上に一巡しながら主だった国の国旗を見ていくと、実に興味深い現象が見られます。

先ずは太平洋の水平線から光が差しそめる「東雲の波間から朝日」のキリパスの国旗。ついで海上に静かに朝日が昇り日出る国「白地に赤く日の丸そめた」日本の国旗になります。

「敷島の　大和心を　人とわば　朝日におう　山桜花」と詠まれているように、山桜の可憐な花びらに柔らかく照り映える朝日が、日本の精神文化を象徴する国旗となりました。

朝鮮という名も「さわやかな朝の白地」です。韓国の国旗を見ますと白地の四隅に易の八卦が描かれ、あたかも日本、アメリカ、中国、ロシア4ヵ国の力関係に囲まれ、半島が陰と陽の卍（マンジ）に絡み合い分断した現状を象徴しているかのようです。

北朝鮮の国旗は朝日の上に赤い星となって矛盾していまして、朝の光が38度線と中国の国境の闇に挟まれた旗になっています。こうした旗はいずれ朝日に照らされた新しい統一旗に代わっていくかと思います。

ついで、太陽が朝日から真昼の中天に昇る「青天白日」の中華民国の旗になります。近代中国は国父孫文の掲げた「青天白日」の旗でしたが、中国共産党（以下、中共）により台湾島に追いやられ、「青天白日」は赤地の左上にきて「青天白日満地紅」となり今の中華民国・台湾を象徴するかのような旗になっています。台湾問題の「特殊な国と国の関係」は、ここから始まっています。

一方、「青天白日」が台湾に移るとともに、中共は「五星紅旗」を国旗にしました。共産革命で血塗られた赤地の上に、共産党の大きな黄色の星と小さな人民の星となっています。「青天白日」が隠れてしまうことで、環境汚染と汚職が進み人民は危機に瀕して赤色危険信号の赤旗を振っています。この大気汚染と黄砂は、偏西風に乗って国境を越えて台湾や日本まで飛来してきますので、他人事ではありません。「ハタ迷惑」とはこのことです。

李登輝老師（以下、李登輝）は、大台湾を経営し新しい中原を打ち建て、やがて太陽が新中原を照らす旗を願い、新台湾人による「青天白日満地緑」になることを望んでいました。

さらに西へと視線を移すと、真昼の太陽は「ラオスの白日」、「バングラデシュの赤い太陽」の国旗、そしてインドの日輪＝大法輪を中心にした国旗になります。

インドの国旗は、独立以前はガンジーの無抵抗主義を表す糸車が中心でした。独立後は当時ネール首相が「大法輪こそインド文明の栄光の象徴であり、それを現代に再現することがインド国民の理想である」として、中心に太陽をおきました。そして国旗がニューデリーの空に高く掲揚され、風にはためいた時には、国民がみな大地にひれ伏して泣き歓喜しました。

やがて太陽が西の空に傾くと、緑と夕陽の国旗をシンボルとするイスラムの国旗になります。アラビアの大砂漠を照らす太陽はあまりに暑く、砂漠の民は太陽を避け緑の地に憧憬を抱き夕陽に向かって崇拝しました。

イスラムの夕陽が砂漠の彼方に沈むとイスラエルの一番星が輝き始めます。一番星はダビデの象徴でして、この星の下にイエス・キリストが誕生しました。

ついで「新月と一つ星」があらわれオスマントルコを象徴する「新月に星一つ」の国旗になります。かつてオスマントルコが征服した地には、イスラム教のシンボルである「新月と星と緑」の国旗が見られます。

さらにギリシャから西へ行くと、ギリシャの星信仰とキリストの十字が組み合わさったヨーロッパ諸国の国旗となり、EU旗は白い星を一ずつ円輪に並べられています。かくして欧州で輝いた星々は、大西洋を越えて移民の国アメリカの地で満天の「星条旗」として輝きます。

Oh say can you see, By the dawn's early light・

(君に見えるだろうか、夜明けの白い光の中にはためく星条旗)

この星条の横から夜明けの白光が太平洋上に差しそめ、地球の一日が終わり一日が始まるという、期せずして球体的配列が構成されています。

このように世界各国の国旗は、まるで何かの約束事でもあるかのように、地球の自転に従って、朝日、白日、夕日、新月、星、満天の星とほぼ正確に繰り返され、宇宙と地球と人間文明のシンクロニシティを暗示しています。

もとよりこのような国旗の解釈は、ごくおおまかにとらえたものにすぎません。細かく見れば、こういう解釈にあてはまらない国旗が多いことも事実です。

例えば、近代理性が求めた「自由、平等、博愛」のシンボル旗や、中南米やアフリカ諸国で見られる森林や海、鳥や獣のトーテムに近いシンボル旗が見られます。

また共産主義革命が起こった国々では、「赤旗に星」をシンボルにしています。これらの国に共通していることは、長い歴史を通して培ってきた伝統的な宗教感情、信仰、家族関係、生活心理、習慣、儀礼などの根絶です。共産主義革命に付随する国民に対する「文化革命」により、承継されてきた魂の記憶が途絶えてしまうからです。

「赤旗に星」のマークは、国民の伝統的な絆を破壊していく革命のシンボルとなっています。赤旗民族主義は、自国の民族的価値をことごとく否定し破壊した人工的なものですから、地球的な自転の秩序から外れた国旗になっています。

インド太平洋文明ルネサンスへいざなう

『存在すること、これこそが台湾外交である。存在しているからこそ、そこに希望がある。台湾の民主化も経済的発展も、まず台湾が存在する事が大事なのである』　（李登輝）

ここでまず、本書の主役である台湾について、少し紹介してみたいと思います。
台湾は中国大陸の南西部に位置する島国です。広さは日本の九州より少し小さいくらい。人口も日本の5分の1程度ですが、一人あたりGDPは日本とほぼ肩を並べます。経済的な停滞に苦しむ日本とは対照的に、近年も急速な経済拡大が続いており、早晩追い抜くのは確実、と言われます。

人口：2326万人
名目GDP：7626億米ドル（2022年、台湾行政院主計處）約110兆円日本のGDP500兆円の5分の1に相当。一人当たりのGDPは日本に並ぶ。
台湾GDP：コロナの中で、成長率2021年6・53％、2022年2・45％と高い成長率
そのうち、半導体が37％を占め、世界シェア65％。

私も驚いたのですが、台湾は域内にある「山の高さ」でも実は日本を上回っています。3000メートル級の山が実に160座以上もあり、その中には標高で富士山を上回る山が複数あるのです。

そういった高地には今、続々と高級リゾート施設が誕生しています。富裕層で賑わう様子を見ると、経済的な勢いの強さをヒシヒシと感じます。

地政学的に台湾を太平洋上の海洋国家として見ていきますと、日本と台湾そしてアメリカが、太平洋を楕円に挟んだ三鼎となって実り豊かな太平洋文明を形成している様子がうかがえます。

人類は海洋を舞台にしてさまざまな文明を築いてきました。ギリシャと古代ローマ文明の

地中海時代から、近世、近代のヨーロッパ諸国を中心にした大西洋時代、そして今日本と台湾とアメリカを中心とした太平洋時代が到来しています。

太平洋を挟んだ三鼎として相補的関係で構成していくものですから、アメリカは戦略的にも台湾防衛に軍事的な関与を続けています。また「台湾の有事は日本の有事」でもある日台運命共同体は、軍事的な結びつきでもありますが、その真意はアジア太平洋の自由と民主を基盤とした文化防衛にあります。

さらに台湾は太平洋からインド洋へと続く延長線上で、インド太平洋時代へといざなう地政学的に重要な位置を占め、デジタル民主主義をベースにしたインド太平洋文明ルネサンスを創造する重要なパートナーになっています。

李登輝の著書「台湾の主張」で、「台湾とアメリカ、日本の関係がさらに深まることによって、アジアにとっても多くのプラスの面が生まれるのは、経済的な分野だけでなく政治的分野でも同様である。台湾の未来は台湾の存在にあり、またアジアの未来は台湾の存在にある。すなわち、存在することによって台湾の未来は開け、同時に台湾の存在がアジアの未来を支えていくといっても過言ではない」としています。まさに台湾は「宝の島」であり、地政学において「台湾を制する者は、西太平洋を制する」と言われる所以です。
世界は台湾が「存在」するだけにとどまらず、インド太平洋時代のギリシャになることを待望しています。
かつて古代地中海の岸辺にて朗々と吟誦されたホメロスの神話物語では、ギリシャの神々と人々の魂を海と結び、美しい星座のようなコスモスの運命を詠っていましたが、その時代と同様に、台湾に出現した一人のデジタル詩人に、今、まさに未来社会の詩的霊感が与えられているかのようです。

多民族の和合がもたらす永遠存在台湾

『水の中に紛れ込んだ一滴の油は容易に油壺の中に入ることはできない。いやが応でも水と共に流れねばならぬ』

（夏目漱石）

台湾島という舞台に登場する民族のキャラクターは複雑です。

約1万年前の台湾はまだユーラシア大陸の陸続きでしたが、大陸から少しずつ離れて台湾海峡と台湾島が誕生しました。

これは地政学上から見て宿命的な地殻変動となりました。

「台湾」の名称は、当時台南付近に住んでいた先住民シラヤ族の言葉「タヨワン」(Taian)または「ターヤン」(Tayan)から来ているようで、「外来人」、「よそ者」を意味する言葉だったようです。

台湾は基本的に移民社会でして、いくつもの民族と文化の坩堝であります。

台湾島は南太平洋のオーストロネシア語族がバシー海峡を渡ってきて以来、16の先住部族が全土各地に散居する島となりました。

南太平洋諸島に住むフィリピンやインドネシアの人々と多くの共通点を持つ先住民族でしたが、文字を持たぬため記録された歴史がありませんでした。

台湾島が世界史に登場するのは、ヨーロッパを中心にした大航海時代が始まった15世紀以降となります。

当時、台湾島にやって来たポルトガルの船員が、甲板から麗しき島影を見て「フォロモサ（美しい）」と感嘆し世界史にデビューしました。

この時期まで倭寇タヨワンや海洋多民族の海賊タヨワンが、台湾の岸辺を拠点にしていました。

また同時期に、福建省、広東省から福佬タヨワンが、広東省北部から客家タヨワンが、移住をはじめました。

１６２４年にオランダ、スペイン、ポルトガルのタヨワンが、アジアに植民地を求めて進出をはじめ、オランダが台南地域を、スペインが基隆地域を占拠しました。その後、両国に争いが起き、１６４２年にオランダが勝利し「フォロモサ」の全土を37年間支配するようになりました。

そのころ中国では１６４４年に明朝が滅び、清朝が支配するようになりますが、漢人の父と日本人の母を持つ鄭成功タヨワンが、明朝再興の旗を挙げ、再興の拠点確保のため台南に進出し、１６６２年にオランダを駆逐してここに拠を構えました。同年に鄭成功の病死により息子が跡を継ぎましたが、清朝の攻撃を受け１６８３年に降伏し、清朝の統治下に置かれました。

しかし、清朝は台湾を中華に属さない「化外の地」として重要視せず、マラリアやデング熱などの熱帯病や先住民の動乱などもあり、統治に消極的でした。

オランダの統治時代には福建省南部の泉州と漳州タヨワンおよび広東省北部の客家タヨワンが12万人ほど、台湾に移住してきました。さらに清朝時代を通じて漢人タヨワンは約250万人に増え、人口分布は山地を除いた全島に及びました。

その後、1894年の日清戦争で勝利した日本が清朝から台湾を譲り受け、日本人タヨワンが50年間統治しました。終戦後は中共に追われた蒋介石が率いる外省人タヨワン約150万から200万人が台湾に渡り、今日に至って総人口約2326万人（2022年12月現在）の構成になっています。

先住民にとり台湾島に来た者は、みな「タヨワン」から来たよそ者なのです。人口密度の高い台湾島に、台湾人（福佬）、客家人、外省人、原住民が、それぞれ出自にこだわりながら「族群問題」を抱えて生活してきました。

李登輝はこうした「族群問題」を、調和統合する象徴として「新台湾人による民主国家」を提唱し、一つの「新台湾人」として民主社会を建設していこうと呼びかけました。「李登輝氏の功績を考えると、それは『新台湾人』いう概念を打ち出したことでしょう」（オードリー・タン）

台湾の共同体意識は民族主義によるのではなく、民主に基づいた新台湾人の共生意識になります。

こうして台湾はタヨワンの縄張り意識を乗り越え、静かなる民主革命を経て世界の民主国家の仲間入りを果たしたのですから、いまさら専制的な民族主義に戻る必要もないわけです。

もし、「台湾民族主義を持って中共民族主義に対抗するなら力の差は歴然であるが、民主台湾と封建中国なら、小国対大国という図式は無力のものになるはずだ」（李登輝）。

実際、両国を国力で比較するなら、その差は歴然です。人口は中国の14億人あまりなのに対し、台湾は先ほども触れた通り２０００万人強。軍事費も中国が30・５兆円（２０２３年５月全人代で公表）。台湾は２・７兆円（２０２３年度）にすぎません。

しかしながら、共産党が一党支配する国家と近代民主主義を掲げる国家の価値は別の評価軸で比較されるべきものです。

民主台湾の政治体制は、中共の独裁体制よりも優れていることに確固とした自信を持って、中共政権の抑圧に対して受け身ではなく毅然とした意志を持ち、「積極現状維持外交」を貫いていけばよいわけです。


かくして台湾島を舞台に、「タヨワン」が慌ただしく出たり入ったりを繰り返しながらも、台湾は台湾で在り続けてきました。民主化された台湾はすでに中共に統一されるような中国の一部ではないのです。

「この土地でともに成長し、生きてきたわれわれは、先住民はもちろん、数百年前、あるいは数十年前に来たかを問わず、すべてが台湾人であり、同時にすべてが台湾の真の住人であります。われわれは台湾の前途に共同責任を負っています。いかにして台湾に対する愛惜の念を具体的な行動としてあらわし、台湾のさらなる発展を切り開いていくかは、われわれ一人ひとりが新台湾人としての、他に転嫁できない使命であります。同時に、われわれが後代の子孫のために輝かしい未来図を創造することも、背負わなければならない責任であります」

（李登輝）

古い世代には出自へのこだわりが見受けられますが、若い世代には新台湾人として、そうしたこだわりが薄れて来ています。そしてもう1、2世代を要しますが、新台湾人として新しい民主国が定着し、新台湾の道を歩んでいくことと思います。台湾指導者はこの方向性をきちんと認識して政策を推進して行くことになります。

改めて李登輝の新台湾人の概念絵を打ち出した愛の叡智に敬意を表します。

２０２２年の国慶節において、台湾総統府の電光掲示板には「永遠存在台湾」（台湾は永遠に存在する）のスローガンが映し出され、民主台湾の強い輝きを放っていました。

学生運動を経て民主化　民主台湾の建国神話

『私は固く信じています。民主主義とは、台湾に住むすべての人にとって普遍の共通言語なのだと』

（蔡英文）

民主台湾の建国神話を描くにあたり、ここに登場する象徴的な人物を時系列に書き進めていくことにします（敬称を略します）。

1975年4月5日、蔣介石死去。この日は季節外れの雷鳴が響き渡り、台北市内にある大きな廟が全焼しました。こんな天の知らせもあるのですね。

1987年7月、蔣経国の指導のもと38年間続いてきた戒厳令が解除され、大陸反抗を事実上放棄し、集会や結社の自由や新聞発行に自由を認め、外省人（日本の統治が終わった後、中国大陸から台湾に移り住んだ人）に対し、大陸にある祖先の墓参りを解禁しています。同年、アメリカから帰国した張忠謀が、世界初の半導体受託製造企業（ＴＳＭＣ）を創業。その後、台湾科学技術の発展における重要拠点である台湾政府設立の工業研究院の董事長に就任し、国営の非営利団体の代表として台湾の産業と技術の発展を促進する役割を担い、台湾半導体企業発展の種が蒔かれ、今日の台湾デジタル民主主義の硬体部分の基盤を造りました。（詳細は第二部ＴＳＭＣ参照）

　１９８８年、蒋経国の死去後、李登輝副総統が中華民国憲法の規定により総統に就任すると、さまざまな形で民主化の芽が萌えはじめました。こうした民主化の過程の中で、後に「野百合学生運動」、「ひまわり学生運動」が、花を咲かせていきます。

　翌１９８９年には、民主進歩党が正式結党されています。

　１９９０年、李登輝が総統選挙で総統に就任。これまでの選挙戦では「For the people」でしたが、選挙後は「With the people」に転換しました。

　台湾の人々も民主主義の認識を深めていき、どうしたら台湾に民主主義を実現できるかを考え始めました。

　同年、台湾の民主化を求めた「野百合学生運動」が起こりました。全国の学生６０００人が参加したこの運動では、中正紀念堂（建国の祖である蒋介石を顕彰する施設）に集った学生たちが当時の政権に対して反対運動を展開。

　彼らの主張を受けた李登輝は学生たちと同等の立場で会話をし、学生の主張を取り入れていきました。学生たちは民主化のプロセスに参加している達成感を実感し、その後そうした学生たちの中から政治の世界に入った若者が多数出ています。

憲法改正で総統・副総統は台湾住民によって選出

1995年2月28日、李登輝は1947年に起こった「2・28事件」の際、国民政府により台湾人の弾圧事件が起きたことについて、政府の立場から正式に謝罪。台湾人と外省人との感情的亀裂の原点となっていたものを、寛容と愛で悲しみ拭い去り互いの融和に取り組みました。

同年、14歳の唐宗漢（後の唐鳳）は「全国中学生科学技術展」の応用科学部門で1位となり、表彰式で李登輝から表彰を授与されています。11歳で政治意識に目覚めた早熟な唐宗漢は、12歳の時にインターネットに出会い、後にプログラマーとして驚異的な成長をとげます。

ただ、成長の過程で学校にうまく馴染めずに転校を繰り返し、3つの幼稚園と6つの小学校に通い、ついには中学校を2年で中退しました。

１９９６年に台湾民主化の大きな第一歩として、李登輝が総統直接民主選挙で当選し、台湾国民の直接選挙による初めての中華民国の総統が誕生しました。

その後、民主化を加速させ、「司法改革」や「教育改革」を推し進めていきます。また不合理な台湾省を凍結し、台湾は中国の一省という虚構を突き破りました。

２０００年、国民党から民進党に政権交代を果たし陳水扁総統が誕生。

しかし、長年の野党であったことで政権運営の経験不足や汚職が露呈し、民主政治は一時停滞に入りました。

２００４年、総統選で陳水扁がわずかの差で勝利しますが、6月に入り総統一家の汚職が表面化し、与野党の対立が激化して政府機能が停止します。社会全体が両局化の危機に陥り、民主化への産みの苦しみを味わうことになります。

同年2月、李登輝は団結を呼びかけ、南北４９０キロメートルを２００万人の人々の手を繋いで結び、中共の台湾に向けたミサイル配備に抗議し、台湾を守る意思表示をしました。

2008年、国民党の馬英九が直接総統選で政権奪回を果たします。

そんな中で24歳になった唐宗漢は、自らをトランスジェンダーとして公表し、25歳の時に名前を唐宗漢から唐鳳（オードリー・タン）に変えています。唐鳳は2年間の世界旅行の後、27歳の時にアメリカで出版されている学術雑誌「Social Text」の顧問に就任。

2012年、民進党政権に失望した選挙民は、国民党の馬英九を選択し連任となり、民進党の蔡英文は敗北。

この年31歳の唐鳳は、オープンソース・コミュニティで活躍してきた高嘉良らのシビックハッカー（公が提供するデータを使って、市民の課題解決に役立つアプリ等を提供する人）たちの「g0v（ガヴ・ゼロ）零時政府」に関心を持つようになり、33歳の時に参加を始めました。

台湾でシビックハッカーの活躍は目覚ましく、その数や応用範囲で台湾のシビックテック・コミュニティは、世界第3位に挙げられています。

２０１４年3月、「ひまわり学生運動」が起こり、34歳の唐鳳が政治に直接的に関わるきっかけになりました。

当時、中国は経済高度成長の勢いに乗っており、それに便じて台湾との間にサービス貿易協定を締結しようと迫ってきました。中国製の半導体を台湾のメインコンピューターに導入することを含め、中国に全面的に開放する内容のものでした。

親中的な姿勢が強い馬英九政権は、国民の声も聞かず住民投票もせずに強引に推進しました。この強行姿勢に危機感を覚えた学生たちが、調印の阻止を唱え立法院を約3週間占拠しました。

唐鳳は「g0v零時政府」のメンバーとともにオープンガバメントを通し、ネットライブを配信して学生たちのデモを支援しました。

台湾がサービス貿易を全面的に中国に開放するかの瀬戸際に学生たちが立法院を占拠して阻止しなければ、ネット環境は中国のサービスによって構築されることになったでしょう。

この時、新台湾人は断固として「台湾のインフラに中国を立ち入らせない」という明確な意志を持って拒否しました。この強い決断は台湾民主化の歴史的な転換点になり、ひまわり学生運動は台湾に民主主義を根付かせるきっかけとなりました。

２０１６年、１月の総統選挙では民進党が圧倒的な支持を得て、台湾史上初の女性総統を誕生させ、台湾の民主化を世界に大きくアピールしました。

同年5月の組閣にあたり、蔡政権は35歳の史上最年少にしてトランスジェンダーでもある長髪の奇人（奇跡の人）を、デジタル担当政務委員として迎え入れました。しかも大臣となる履歴書には「無」性と書いています。（詳細は第二部に記載）

蔡政権はなんという度量の深さなのでしょう。なんという革新的なのでしょう。この奇人がもし中国に生まれていたら、中学中退の時点で社会から排除されていますし、日本でもつまらぬ週刊誌のゴシップ記事で潰されていたことでしょう。

新時代を象徴する人材の登用は、台湾の革新的民主デジタル社会を象徴する神話です。

民主台湾の建国神話を象徴する立役者である李登輝、蔡英文の民主デジタル政権、軟体（ソフトウエア）プログラマーのリーダー唐鳳、硬体（ハードウエア）半導体の張忠謀らが、舞台上に出揃いました。天の采配としか思えません。

２０１９年、武漢ウイルス大感染が始まるやいなや、台湾ではＩＴの専門家を総動員しての民主デジタル対応が整備されました。

武漢コロナウイルス対策で中共と明暗

『民主主義社会においては、イノベーションは社会全体に広がっていきます。決して中央にいる一握りの人たちが他の多くの人々に強制するものではありません』(オードリー・タン)

２０１９年12月、中共は武漢で発生した新型コロナウイルスの初動において隠蔽しました。李文亮医師よるＳＮＳスクリーンショットで症状報告が早くからなされていましたが、デマを流布した者に対する処罰を発表し情報の拡散を抑えました。

台湾もいち早くＷＨＯ機関に病状報告をしましたが、中共はここでも人道上よりも政治を優先し、ＷＨＯ機関に虚偽報告をしました。こうして感染者を隠蔽したことで全世界に感染拡大のパンデミックを引き起こしてしまいました。

中共は初動において隠蔽という大きな判断ミスを犯したことで、その後に無謀な都市封鎖とゼロコロナ政策を引き起こし、人民に大きな犠牲を強いることになりました。経済面でも大きな打撃を被ってしまい、自ら「中所得国の罠（成長著しかった国の経済拡大が鈍化し、高所得国の水準に届かない現象）」に陥ることになってしまいました。

中国の失敗はひとえに情報を管理し、国民に知らしめない政策を採り続けていることに端を発しています。現政権下で報道の自由はどんどん失われており、このまま報道規制が進んで行けば、数年後には「西朝鮮」になるのではと危惧しています。

一方の台湾では、ウイルスの正体がまだ明らかになる前に武漢での異変に気付いた台湾政府が、いち早く水際で感染拡大防止対策をとったことで、感染が全世界に広がる前にウイルスの封じ込めに成功しました。

翌年の旧正月に武漢から帰国した台湾人女性の感染が確認されると、翌日には武漢からの観光客の入国を禁止し、同月には中国本土からの観光客の入国を禁止しました。

こうした素早い動きは、広東省を起源とした重症急性呼吸器症候群（ＳＡＲＳ）により台湾で感染者３４７人と犠牲者73人を出した苦い経験と、中共による生物兵器を警戒してのことでした。

新型コロナウイルス感染拡大直後にスマートフォンを活用し、感染経路の確認と感染者と接触した可能性のある人を特定して全員に警告メールを送り、濃厚接触者追跡にはＱＲコードのアプリを作成しました。

さらに国民にマスクと手洗いを徹底させ、マスクパニックの中で民間企業にマスクの増産を促し、政府がすべてを買い上げました。そういった対策と並行して、「マスクマップ」アプリにより台湾全土６０００ヵ所以上ある販売店の在庫状況を30秒ごとに更新させ、リアルタイムで国民全体に行き渡るようにしました。

こうした素早い対応で感染拡大を防いだ結果、都市閉鎖や学校の休校、飲食店の強制休業などのパニックを逃れました。

台湾が社会運営を考慮しながらも防疫対策を進めるという相矛盾した対策に成功したのは、

政府と国民の間で健全な民主主義が確立していたことによります。

世界中が新型コロナウイルス感染拡大に苦しめられる中、台湾は強権的な強制対応ではなく、民主的な手法により防疫に成功しました。そして日常生活を維持しながら防疫に成功し、結果として世界がコロナ感染拡大による大変な3年間において、台湾では2020年のGDPは約3%、2021年には6・53%、2022年には2・45%と経済成長を維持し、経済、民主、人権どれをとっても大きな損失が発生しませんでした。

まさに台湾政府と国民が一体となり、それを繋いだ民主デジタル主義の勝利でした。さらに、その後は「台湾は手助けできる（Taiwan Can Help）」をスローガンに掲げ、各国に大量のマスクと防護用品を送る医療外交に着手し、各国から感謝されるとともに、防疫の優等生として世界的な脚光を浴びました。

台湾民主デジタル社会が中共独裁デジタル社会を凌駕し、はっきりと差をつけて見せたのです。

それを支えたのは「医療専門家や政府、民間、社会全体の努力が合わさった結果」（蔡英文）であり、政府と国民を繋いだ民主デジタルの勝利でした。このことで民主台湾は、国際的に大きな評価を受けることになりました。

後世の歴史学者は、武漢コロナウイルスが、国際社会における民主台湾の黎明と中共の黄昏に向かう「台昇中降」のターニングポイントになったと明記することでしょう。

積極現状維持外交

『いかなる時も、積極一貫、現在感謝、取り越し苦労の厳禁。
何かあるのが人生ですが、それを毅然として乗り超えていくところに人間本来の面目がある』
（中村天風）

台湾国内の民主化と経済発展は順調に進んでいますが、中共による軍事的脅威は依然として存在しています。

台湾にとって迷惑きわまりない話ですが、中共は一方的に「百年の夢」と思いつめ、台湾統一を核心中の核心としています。そのためには武力によるに統一も辞さずと、台湾独立を最終レッドラインにして威嚇を続けています。

この野望に対し台湾は「現状維持」を盾にすると同時に、中共の武力侵略をさせぬために軍事防衛力を強化しています。

しかし、中共の軍事的脅威がますます増大する中、これまでの受身的な「現状維持」では限界があります。

そこで台湾は「積極現状維持外交」を推し進め、自主防衛力の強化を図るとともに、アメリカとの軍事協力を深め、同時に「台湾有事は日本の有事」として日本を引き入れています。「積極現状維持外交」は、台湾の民主デジタル社会が、中共の独裁デジタル社会を超克する日まで突き進むことを意味しています。

民主デジタル化に追従してITデジタル部門も、「ひまわり学生運動」時の4G（第4世代移動通信システム）から、現在の5Gへ、そして近い将来は6Gへとスピードを進化させています。

オードリー・タンが携わって作成したアップル社の中国語版「siri」や、国内で立ち上げた中国語辞書「萌典」のインターネットプラットホームが、中共がこれまで封鎖してきたネット万里の長城を打ち破る日も、時間の問題となっています。

国境も時差もないインターネットの世界で、そういつまでも情報封鎖などしていられるものではありません。

中共の脅威にさらされながらも、台湾の指導者は常に20年先の台湾を見つめながら民主化を推し進めてきました。

李登輝も20年後の民主台湾を見つめながら、強い信念を持ち、身をもって台湾の未来を先取りして実現させてきました。そして後に続く者ありと信じて昇華しました。惜しむらくは外圧のために李登輝にノーベル平和賞の授与がなかったことです。これは今でも痛恨の極みと言えます。

現政権の蔡英文も「20年後の台湾はどんな国になるでしょうか」と、自身に問い続け、そのために今何をすべきかを政策にしてきました。

今から20年後の民主台湾デジタル社会は、どのような世界になっていくのでしょうか。これはいうまでもなく、「新台湾人」の総意が何を求めていくのかによります。

20年後の台湾は西暦２０４３年になりますが、その時も依然として「中華民国１３２年」のままなのでしょうか。

一つだけ確かなことは、台湾は永遠に存在し輝き続けているということです。

第2章

鼎談編
岐路に立つ日本と台湾、大陸の関係
―青年時代に思いをはせて「李登輝老師」を語る―

ゲスト：武見敬三　参議院議員
野口五十六　白石常介　（2023年8月29日収録）

ゲスト：武見敬三参議院議員

慶應義塾大学大学院政治学専攻修士課程修了。東海大学教授や、テレビ朝日の「モーニングショー」のメインキャスター、ハーバード大学での研究を経て、参議院議員に。

保健医療から海洋、国際援助まで幅広い知見で、党・派閥を超えて各立法に貢献。参議院議員5選目となる。

小学校よりラグビーを始め、高校時代には花園、慶應義塾大学在学時に全国3位のメンバーとなり、2019 年ラグビーW杯の日本開催への貢献。

2020 年に入り、新型コロナウイルス感染拡大に伴い浮き彫りとなった課題に対し、感染症対策ガバナンス小委員会を立ち上げ、委員長として感染症有事を、国家安全保障の一部としてとらえるべきと提言。さらに、テレビ・ラジオなどに幅広く出演し、政府与党の対応についての説明責任を果たす。

2023年9月、岸田改造内閣で厚生労働大臣に就任する。

本書の著者である野口五十六とは50年来の友人。台湾留学時、当時は教員（教授）だった李登輝総統を野口が紹介したことから、親しくお付き合いをいただいています。

左から、野口、李登輝老師、武見の各氏

野口：このたびは書籍の刊行にあたり、著者となる白石さんならびに私との鼎談をこころよくお引き受けいただき、ありがとうございます。来年1月に総統選挙を控えている台湾、海峡をはさんでそれを睨む大陸側の事情を踏まえて、本日はみなさんの体験や思うところについて、お話していただきたい、と思っています。

◆野口の紹介で教員時代の李登輝先生と交流

武見：私が野口さんと初めて会ったのはたしか、慶応大学法科大学院で修士を目指して学んでいたころでした。同級生から、「台湾を研究している人がいるので、会ってみないか」と紹介されまして。

野口：その時のことは覚えていますよ。学舎から出てきた武見さんが、カバンをギュッと脇に抱えていたんです。慶応大学ラグビー部のスタメンレギュラーだったと聞いていたので、「カバンもそう持つのか」と変な感心をしました。

武見：当時、中国の研究をする人はどんどん増えていましたが、台湾を研究する人なんて、あまりいなかったんです。しかも、野口さんは国立政治大学の東亜研究所なんてところにいたわけです。
日本人でわざわざそんなところに行って学ぶ人なんて、本当に珍しかったので、私としてはとても興味深い人でした。それで、仲良くなって、彼が東亜研究所で師事したことのある李登輝さんを紹介してもらったんです。

野口：当時はまだ、単なる教授の一人でした。

武見：たしか、蔣経国政権で無任所大臣（特定の部署を担わない政府の閣僚）も兼務されてましたね。李登輝さんの専門は農業経済でした。台湾にとって農業は死活的に大事な産業だということで、抜擢されたんでしょう。

蔣経国氏は優秀な人材を見いだすことに長けた、眼力に優れた行政官でしたね。

※無任所大臣：特定の部局を所管しない政府の閣僚。

野口：昼ご飯を三人で食べましたよね。

武見：その時、ちょっと不躾なことを彼に尋ねたのを覚えています。台湾を統治する国民党の政権は、それまで本省人（父祖の本籍が台湾にある人）を重用してこなかったのに、なぜ、あなたを閣僚にしたのでしょう。と質問してみたんです。李登輝さんは客家（大陸東北部出身の漢民族）ではあるものの、れっきとした台湾人でした。蔣経国はどういう動機で、そんなあなたを閣僚にしたと思うか、ときいたんです。なにをつまらないことをと怒られるだろうか、とも思いましたけど、彼はひたすら穏やかでした。

静かにじーっと考えてから、発した答えは実に意味深でしたね。

「それは蔣経国さんの政治哲学の問題です」と答えたんです。

当時はなにを語られたのかわかりませんでしたが、今振り返ると、「蒋経国によって李登輝さんは育てられていたのだろう」と思います。

野口：無任所大臣の後は台北市長というように、蒋経国は李登輝さんに新たなポストを与え続けましたね。

武見：どこまで使える人物なのか、観察していたんだと思います。李登輝さんは単なる学者ではなく、行政官としても使えるのか。政治家としてはどうなのか。育成して観察する中で、だんだん高く評価するようになったのでしょう。修士課程の学生に過ぎなかった私がそんなことを思うようになったのは、やはり野口さんのおかげです。李登輝さんを目の前に見て、話をすることで、どういう人物なのか、理解を深められたのですから。

野口：人としてはとにかくいい人で、かつインテリでしたね。京都大学出身で、新渡戸稲造や西田幾多郎といったすごい哲学者からも学んでいました。和の心も深く理解していたし、日本語なんてぼくたちよりもうまかったかもしれません。

武見：日本語をしゃべるのが好きで、ときどき哲学の話なんかもするんですが、私たちには難しすぎてわかりませんでしたね。

◆大陸には毛沢東　植民地文化が残っていた台湾

白石：武見先生はなぜ、台湾に留学されたのですか？

武見：私は中国語を習得する目的で、台湾の師範大学に留学しました。当時は毛沢東政権下で、まだ簡単に大陸に行ける状況ではなかったんです。中国語を学ぶなら台湾がいちばん身近だったので、私が学んだ師範大学には外務省の語学研修生もいました。

そんな中、ある日の新聞に「毛沢東死去」の報が出たんです。記事の見出しは「毛沢東がおっちんだ！」っていうニュアンスだったので、ちょっと驚きました。

野口：留学時代に台湾の学生にラグビーを教えていたんですよね？

武見：修士が終わって博士課程になったくらいの時で、まだまだ身体が動いたんです。台湾に比べると日本のラグビーはレベルがずっと高かったので、ラグビー部の連中から是非コーチに、と頼まれまして。

面白かったのは彼らが使う用語。ラグビーはイギリス発祥のスポーツなので、セービングとかタックルとかいう英語を使うんですが、彼らの発音は日本風のいわゆる「カタカナ英語」だったんです。

理由を聞くと、先輩からずっと受け継がれてきたものだと言います。植民地として日本が統治していた時代にラグビーが伝わったので、それが残っていたんですね。

一緒にラグビーをした連中の中には、後に大金持ちになった者も少なくありません。野口さんはその後、アメリカに渡りましたよね。実は馬賊みたいになるのかな、と見ていたのに、台湾で出会った奥様に導かれて実業家として成功されました。なんとたいした奥様か、と感心したものです。

野口：台湾の社会に深く入れたのは、妻のおかげが大きいと思います。やはりあちらの親戚との付き合いもあり、ニューヨークにいた時もアメリカの大学に進学する親戚を手伝ったり、と妻を通じて台南の人たちと親しく行き来したりしていました。

◆李登輝総統を育てた蔣経国の慧眼

武見：私は台湾をずっと見てきた中で、蔣経国というのはたいした人物だ、と思ってます。蔣介石の息子として知られていますが、台湾を掌握するまでには相当苦労したはず。特務機関の責任者として台湾に入ってきて、陳誠をはじめとする蔣介石の直系をうまく抑え込んで後継者としての基盤を固めていったわけです。

日本との関係では張群なんかが中心になっていたのが、日中国交正常化・日台断交を機に蔣経国が彼らを表舞台から追いやって、実質的な権力者になっていくんです。その中にどういうわけか李登輝さんがいるのが面白いなぁ、と私は思いましたね。将来の台湾を託す選択肢の一つと見なしていたんでしょうね。

※張群：中国・台湾で活躍した政治家。側近として蔣介石に重用され、上海特別市市長や行政院長などの要職を歴任している。

野口：あのころは鄧小平が蔣経国に「一国二制度」のすごいラブコールを送っていましたね。まず二人の出会いですが、モスクワのコミンテルンが中国の共産党指導者養成のために創設したモスクワ中山大学で同級生として学んでいたんです。鄧小平の方が蔣経国より6歳年上なんですが、賢かった二人は意気投合して親友になり、1926年から1927年にかけては二人はいつも一緒にいたようですよ。時は経ち、鄧小平は中国で、蔣経国は台湾で最高指導者になったため、鄧小平はモスクワ中山大学留学時代の親友であった蔣経国に対して、平和的統一により一つの中国を実現するため「一国二制度」を提案したんです。それに対し蔣経国はそれを無視し、「三不政策（妥協せず、接触せず、交渉せず）」で対応したんですね。しかしその後も鄧小平はあきらめず一貫してラブコールを送り、一国二制度のみならず連邦制のような形態まで譲歩したんですが、それでも蒋経国は三不政策を変えることはなかったんです。蒋経国としては、台湾は台湾として独自の道を歩んでいくことを選択し、その意志を李登輝さんに託したんでしょうね。

武見：蒋経国は、台湾政治の土着化を進めることで国民党政権の安定化を図る、という方針を立てていました。李登輝さんはそのために役立つ重要な駒の一つだったんですよ。ただ、その後にあそこまで大きな指導者になって、分離独立に近いところまで台湾を引っ張っていくとまで、蒋経国が見通していたかどうかはわかりません。なにせ李登輝さんもまだ、40歳そこそこでしたから。

野口：李登輝さん本人も歴史の偶然、なんて言ってましたよね。

武見：そういう面はあるかもしれません。もともと蔣経国の後継者と見なされていた本流の政治家は連戦だったんです。ところが、国民の支持を集めたのは李登輝さんでした。蔣経国にとって1996年の選挙で李登輝さんが勝つことくらいまでは想定済みだったかもしれませんが、その先、民進党が登場して陳水扁が活躍することまでは当初の想定にはなかったかな、と。

蔣経国は現実主義者でしたから、自分にできることはどこまでなのか、その限界は理解していたはずです。

現実主義者の最大の特徴はできないことにいちいちこだわらないことです。できることはどこにあるのかを徹底的に探して、それを実現していくんです。

◆分断国家のウォッチから日本、台湾、大陸の研究に

野口：あのころは李登輝さんも若かったけど、ぼくらも若くて、まだ22、3歳でした。ちょうど日台断交があり、ぼくは台湾の国策であったドル獲得のためにアメリカに渡りま

した。その後、90年代からは台湾は一気に経済成長を遂げ、同時に民主化するわけですが、その過程を白石さんは身近に見ているんですよ。

白石：はいそうです。台湾を自分たちでさらに発展させ、失敗を恐れず時代の先を進んでいく若者たちのパワーを感じ、これから急速に発展していく国だなと実感しました。国民も自由闊達で、経済もこれからますます拡大していく、この台湾という民主主義国家の発展を肌ではっきり感じ取ることができました。

武見：私は慶応大学の神谷不二教授の門下生でした。神谷先生は朝鮮戦争に関する書籍なども出していまして、分断国家の研究をしていた人です。日本の周りを見ると、朝鮮半島と同じく台湾海峡にも分断はありました。そこで私は分断国家としての台湾と地域の研究をしてみよう、と思い立ったわけです。国際政治の勉強をする、というと雲をつかむような大きな話になってしまいがちですが、台湾は日本のすぐ側にあります。

日常感覚に近いところで研究ができそうだ、と思ったんです。ずいぶん論文も書きました。それをまとめて本にしよう、と思っていましたが、その前に政治家になってしまいました。

野口：きっかけは筑紫哲也さんと知り合ったことでしたっけ？

武見：ハーバード大学の東アジア研究所で研究員をやっていたら、『戦後の検証』というテレビ番組を作ろうとしていた制作会社から通訳みたいな仕事を頼まれまして。筑紫哲也さんがレポーターとして活躍する番組でした。そのご縁で、後に筑紫さんからの推薦でＣＮＮのキャスターになり、ニュースキャスターとして『モーニングショー』に出たりもしました。

そうなると、なんということもなく知名度が上がっていきます。小渕恵三さんから「参議院の比例区で候補者になってください」と言われ、政治家になったわけです。

白石：そうなんですか、あの筑紫哲也さんとご縁があったとは正直驚きました。メディアの仕事をしたり、政治のお仕事をしたりする中で、台湾のことも気にかけていたわけですか？

武見：私が常に考えていたのは、日本はもちろん、台湾の研究者、大陸の研究者とも一緒に研究を進める仕組みを作りたい、ということでした。ですからその後、いろいろな活動をしてきましたが、日華議連と日中友好議連の事務局長を兼務していたこともあります。

学生の頃は東京大学の教授と一緒に活動していましたし、同時に、大陸側から台湾を見てみたいという思いから、厦門（あもい）を訪れたりもしました。今は観光地として有名な街ですが、当時は単なる漁港でした。ところが行ってみて驚いたことに、台湾の漁船が堂々と入ってくるんです。明らかに大陸の人には見えない漁民がたくさんいるわけです。

いやあ、たいしたもんだ、と思いましたよ。表向きは対立しているようで、実際には国境貿易をやっているんですから。

野口：建前と本音を使い分ける中国政治の奥深さをあちらに行くと、ぼくもよく感じますね。なかなか日本人には理解できない中国人のＤＮＡといったところですか。

武見：厦門を見たら、逆側からも見たいので、今度は金門島に渡りました。いやあ、これまた面白い場所なんです。政治的な駆け引きの結果、不思議な均衡が保たれているのが金門島です。一種の飛び地ですが、台湾にとっては大陸のすぐそばにある領土なので、反抗大陸の拠点になり得ます。

一方、大陸側から見ると、台湾の独立を認めず、あくまで大陸の一部だと主張する際には国民党政権が金門島を確保していることがプラスにはたらく、とも考えられます。台湾海峡を巡る、そういった複雑な力学と、その中でたくましく行き来する漁民を野口さんと一緒に見たのは、たいへん貴重な体験でした。

※金門島：厦門のすぐ沖合にある群島で、大陸からは10キロメートル未満という近さにある。一方、台湾本島とは２００キロメートル以上隔たっているが、１９４９年の中台分裂以降、台湾側が実効支配している。一種の「飛び地」である。近年は中国からの観光客による消費が島の経済に大きな恩恵をもたらしていることもあり、政治的にも経済的にも非常に複雑な状況下にある。

◆日本の国益と台湾の選挙

野口：いよいよ来年１月に台湾で行われる予定の総統選挙について、武見さんはどうお考えですか？

武見：いろいろな見方がありますが、日本にとって大切なのは民主主義的な体制が台湾において統治体制として維持されることだと思います。日本の立場からすると、誰が台湾の指導者になろうとも、民主主義が厳然と維持されることが、安全保障を含めた国益につながるはずです。

ただ、実際には指導者によって台湾における大陸との付き合い方は変化するでしょう。したがって、1月の選挙は日本にとって非常に大切だと考えます。そのことを日本国民の何割が理解しているか気になるところです。

大陸も同様に考えているはずなので、それまでになにかが起きるのではないか、という危惧も、実は抱いています。こと、台湾の問題になると、大陸は完全に読み誤ったようなことをするので。

白石：この鼎談も掲載されますが、じつは本書を出版する原点がこの点にあります。台湾の総統選挙の結果が日本に多大な影響を与えることを日本人に、とくに若い世代に伝えたいと、野口さんと共同執筆しました。もちろん当事者である台湾でも中国語で出版したいと考えています。

大陸が、力で押さえつけようとすると、逆に台湾の若年層を中心に反発が強まって、反中国の勢力が基盤を拡大するかもしれませんね。

武見：それでも大陸側は力にこだわるでしょう。最終的な決定権は力にある、と彼らは、とくに今の指導者は信じていますから。力をどう使うか、という方策において柔軟性があり、巧みに力を行使していくことでしょう。

白石：比較しにくいかもしれませんが、香港でうまくいったことが、習近平さんにとって成功体験になっている気がします。「香港でできたから、台湾でもうまくできるよ」と進言する人も周りにいるでしょうし。

武見：香港をのみ込んだタイミングがよかったのかは疑問ですが。一国二制度を維持したのは結局20年弱でした。これから注目すべきは経済です。中国にのみ込まれたことで、香港経済が縮小していくようであれば、明らかに誤った政策だった、と判断できます。香港の結果が台湾に当てはまるのかどうかは不透明ですが、東シナ海、南シナ海、東アジアといった地域すべてに関わってくる問題なので、私たち政治家は常に、状況を把握しています。

白石：そのあたりは日本という国の宿命なんでしょうか？　北にはロシア、西には北朝鮮と独裁国家に囲まれていますよね。

そんな中、長く鎖国を経験したせいか、私たちには和を乱さず組織に同調することを過剰によしとする風潮があるように思います。「失敗してもいいからチャレンジを」と語る指導者がもっと出てきてほしい、と私は思っています。

武見：各国の国民性というのはたしかにありますね。台湾についても、歴史を見るとそれを感じます。清朝の水師提督（海軍提督）施琅が台湾を攻めた時、最初に落としたのは澎湖島でした。それから本島に上陸したんですけど、その時、迎え撃つ台湾側は一丸となって戦うことができませんでした。

当時、実権を握っていたのは鄭成功の息子である鄭経でした。清軍上陸の報を受けた台湾側はすぐに内部分裂してしまい、まともに戦えなかったんです。その混乱に乗じて、清朝は実にスムーズに台湾の統治を進めました。

もちろん、自然に内部分裂したのではなく、清朝側からなにがしかの工作はあったでしょう。歴史はくり返すと言います。今回の選挙においても、大陸側にとっていちばん効率の良いアプローチは内部分裂を狙うことでしょう。

野口：軍事的な圧力をかけたり、輸出入の調整をしたり、ということですね。たしかに、民衆党の柯文哲などは「中国ともう一度話し合ってもいい」などと言い出してますよね。ひまわり運動の際に台湾の人たちは「デジタル産業の中枢に中国を招き入れるのは危険」と考え、国民党政権に「ＮＯ」を突きつけたはずです。それを蒸し返して、再度中国と話し合う、というのはどういう意図があって言っているんですかね。

白石：これまでは実質的に、国民党と民進党という二大政党制でしたけど、今回は柯文哲氏の他にも鴻海精密工業の郭台銘氏も立候補を表明しています。選択肢が増えた分、有権者が混乱する可能性もありますね。

武見：要は大陸寄りの候補者が勝つか、民進党が勝つかですね。それによって、習近平の台湾政策は大きく異なります。大陸寄りの候補者が勝てば、圧力をかけつつ、徐々に一体化させる政策をとるでしょう。

一方、民進党の候補者が勝てば、融和的な一体化は難しいと判断して、より軍事に依存したやり方を選ぶ確率が高くなるはずです。

◆中国の王朝、在外勢力に翻弄されてきた台湾

武見：もともと中国には中央政権の権力と版図の大きさが比例する、という不思議な傾向があります。中央の権力基盤が確立されて強くなると、周辺の地域をのみ込んで、自国の領土にしてしまうんです。

逆に、王朝が衰退したり、交代期に入ったりすると、周辺国がどんどん独立して別の統治体制になっていきます。中国の歴史はそのくり返しである、と喝破したのがハーバード大学の研究者であるジョン・K・フェアバンクの『チャイニーズ・ワールド・オーダー』という書籍です。

たとえば明朝末期における台湾はまだ、「存在を知られているだけの島」にすぎず、領土が広がった際に必ず組み込まれる地域ではありませんでした。

その流れを変えたのは植民地を広げつつあったイギリスとオランダです。イギリスが香港やマカオを植民地化する中、遅れてやって来たオランダは厦門に拠点を設けようとします。これを明朝政府に拒絶されたため、台湾南部の台南に上陸。オランダの統治が24、5年続くのですが、その後、大陸で清朝に敗れた明朝が台湾を南下してオランダの植民地勢力を駆逐します。

「復明抗清」というスローガンを掲げて、この活動を主導したのが鄭成功でした。明朝から清朝に切り替わり、王朝が移り変わる中、大陸で新たな勢力に敗れ、駆逐されようとする旧勢力の一部が台湾に逃れて、大陸とは異なる体制を作ったわけです。

それまで植民地体制だったのが、「復明抗清」の鄭成功体制になったんです。ところが、清朝が大陸で統治基盤を固めると、海軍力も強化されます。施琅提督が澎湖島経由で台湾に上陸して統治体制を打ち破り、そこで初めて台湾は清朝の統治下に組み込まれます。

野口：明朝までの台湾は「化外の地」なんて呼ばれていたんですよね。文化の外にある地域。

武見：それが清朝の領土になるわけですが、清朝が滅びると、今度は在外勢力である日本がやって来て統治します。さらに日本が太平洋戦争に負けた後は大陸での内戦に敗れた蒋介石が逃げ込んできます。大陸とは異なる統治体制を築き、反抗大陸の拠点とするわけです。この蒋介石が成功したのは、冷戦という国際社会の情勢をうまく利用したためです。台湾に拠点を築けば、必ずやアメリカが介入してきて自分たちの統治体制は守られるだろう、と考えたんですね。

その考えは見事に当たります。朝鮮戦争が起きたため、第七艦隊が台湾海峡に派遣され、「台湾は国際法的な立場が未定である」とする見解が示されました。そういった在外勢力による統治や分離の維持というのが台湾政治の定番だったわけですが、それを変えたのが李登輝総統だったと私は考えています。

野口：具体的にはなにを変えたんでしょう?

武見：一言でいうと、民主化を通じて台湾が分離独立する意味と価値を変えましたね。私はすごい政治家だと思います。

◆共産党から国民党へ　深く思索する中共政治の研究者

野口：ぼくが台湾で学んだ当時の教員には、紛争の最前線を経験した人もいました。たとえば中国共産党中央秘書長だった郭華倫。彼は後に『中共史論』という非常に重要な書籍を書いた人ですが、もともとは共産党のエリート党員だったのが、国民党に捕まって台湾に移送された、と聞きました。
紛争の現場にいた人だけに、彼が語る中共や日本、台湾にまつわる出来事は、とても生々しいものでした。私の人生観を現実主義に変える講義でした。
日中戦争の発端になった盧溝橋事件は中共のゲリラが川の中間地点から中国国民革命軍と日本軍に向けて銃を撃ったのだとか。後に、そうだったのではないか、とも言われていますが、彼自身もそう語っていました。

武見：もう一人、台湾にきて考えを変えた人がいましたよね。

野口：国民党時代のインド大使だった呉俊才ですね。東亜研究所と国際研究所でそれぞれ主任をやっていて、ぼくにとっては指導教員の一人でした。修士論文でぼくが毛沢東と劉少奇の路線闘争について触れ、前者を否定、後者を肯定したら、お説教をくらったのを覚えています。
「野口くん、一言だけ言っておくけど、劉少奇だって同類なんだよ」って。

武見：非常に頭が良く、物静かな人でしたね。そんな彼から聞いたのが「これからは政治家に理工系の資質が求められる時代が来る」という言葉。実際、そのとおりになりました。

野口：50年ほど昔のことだから、素晴らしい先見の明ですよね。

武見：人類社会全体を見ていたんでしょうね。サイエンスやテクノロジーの発展はすさまじく、バイオテクノロジーなんてものが出てきましたし、ワトソンやクリックによるＤＮＡ解析、核兵器なんてものまでできてしまいました。工業が新たに発展しつつあった時代に、これからはサイエンスが人類社会を大きく変えていくことになるから、社会の舵取りをする政治家は科学に関わる知識をより多く持つ必要がある、と判断していたんです。

◆究極のリアリスト　習近平の野望はどこに？

白石：私から武見さんに一つお聞きしたいことがあります。独裁政権下にある中国が今後民主化する可能性はあると思いますか？　いろいろと言われている習近平さんですが、彼にも温かい人の血が流れている、と私は思うんです。国民を思う優しい心が絶対どこかにあるはずなんですよね。人間的な発想に戻ることがあるんじゃないか、と私は期待しています。

武見：私は、習近平という政治家は徹底したリアリストだと思います。人間的というような甘さは彼からはまったく感じられません。むしろ、リアリストとして付き合った方が、お互いに安全でしょう。

白石：リアリストというのは、目標にもっとも効率よくたどり着ける方策を選択する人ですよね。習近平さんにとっての目標はなにだと思われますか？

武見：それはわかりませんが、あそこまでいけば、中国の歴史に指導者として自分の名前をしっかりと刻みたい、というのはあるでしょう。今、彼が主張している版図はかつての清朝時代、歴史上もっとも大きな領土を誇っていた時代のものと同じです。それを回復させる、と共産党は言っています。

中国の方には版図を拡大することに対する非常に強い欲求があります。その欲求をかなえるためには、政治の力学として、自分たちの権力体制を強化する必要があるわけです。

したがって、リアリストは常に戦っています。常に敵を排除し、不確実なものは抑え込む。それを徹底して行うんです。そのためには軍事力、警察力はもちろん情報力も駆使します。サイエンスや理工系の知識を直接的に活用するデジタル共産主義者ですね。習近平という指導者はまさにそういう存在です。

彼らが台湾を諦めるなんてことはありえません。それどころか、中国の一部でありながら自由な発言や行動が許されている社会の存在自体、自分たちの体制に対する脅威と見なしているはずです。

白石：台湾は中国の一部、という考え方はわかります。ただ、それとは逆に中国は台湾の一部、とも言えるんじゃないでしょうか？　中華民国政府はかつて中国を統治していたことがあります。一方、中華人民共和国の政府はいまだかつて台湾を統治したことはないわけです。

武見：その国家観ははからずも、蒋介石と毛沢東が共有したものです。いずれも中国という国は一つであり、そこに台湾も含まれる、と考えていました。それがまさに金門島の存在を許す理由でもあります。攻め落とそうと思えば、簡単に落とせるのに、あえてそうしないことの意味を彼らは歴史の中で学習したんです。どちらも日本人には理解しにくいレベルで、非常にしたたかです。

◆毛沢東にならうか？「第二次台湾海峡危機」と似ている今

武見：ただ、そうは言っても、今の状況はやはり危険だと思います。毛沢東が大躍進政策で失敗した当時のことを思い出します。あの時はアメリカやイギリスを15年で追い落とす、としながら、実際には間違った政策を推し進めたせいで、たいへんな飢饉が起きたり、インフラが崩壊したりしました。

困った毛沢東がとったのが金門島への攻撃です。わざと第二次台湾海峡危機を作り出して、内政の失敗を誤魔化したんです。

今、中国は同様の困った状況にあります。不動産バブルの象徴的な存在だった恒大集団が経営危機に陥り、瀕死の状態です。不動産業は中国においてGDPの3割を占める一大産業ですから、もし破綻することになれば、一気にバブルが崩壊してしまい、経済はひどく混乱するでしょう。

都市部における若者の失業率を発表しなくなった、という情報もあります。発表すると社会不安につながる、と考えているのです。国内政治がこれからそういった不安定なものになっていくなら、習近平はなにか策を考えねばなりません。

台湾で民進党系の主席が誕生するなら、毛沢東と同じく台湾海峡の危機を演出して国内の目をそちらに向けることは十分ありえます。

同じ流れとして使われるのが日貨排斥運動なんですよね。孫文がいた時代から五・四運動というのが中国にはありました。その大きなきっかけとなったのが日本製品の不買を訴える日貨排斥運動でした。

その時代から100年あまりの歳月が過ぎましたが、日中間でなにか問題が起きるたびに、日貨排斥運動が発生する状況は今も変わりません。

直近では福島第一原発の処理水放出を機にやはり不買運動が起きています。

ただ、中国国民の反応を見ていると、反日を叫ぶ人たちは、なにかきっかけさえあれば容易に反共産党を叫ぶ気がします。今は日本の方を向いているので政府としては都合がよいため勧奨している——これも中国の現実主義ですね。

※五・四運動：１９１５年に日本が中華民国に提示した21カ条の要求に対抗して発生した抗日運動。５月４日に起きたことからこの名で呼ばれる。

◆「台湾は戦う覚悟を」麻生発言が意味すること

野口：そういった状況に一石を投じるべく、麻生さんは台湾に渡って「戦う覚悟」なんて言ったんでしょうか？

武見：それは本人に聞いてないから、わかりません。ただ、失言ではなく計算ありきの言葉ですね。どんな反響があるか、わかっていて言っています。こういう心理戦が台湾と中国の政治では大きく影響するんですよ。

野口：実際に、麻生さんが台湾に行ってから、民進党の支持率がググッと上がっています。

今回、この書籍でぼくが主張するのは持論でもある積極的な現状維持です。麻生さんの発言とまさに軌を一にした感があって、ちょっと驚いています。

武見：覚悟を持つなら努力をしなくちゃなりません。戦略的な基盤強化が必須です。そうでなければ、現状維持は不可能です。

戦略というのは意図と能力の二つで評価するものです。軍事的な均衡という面では、今は完全に大陸に分があります。その状況下であらためて均衡を維持するためには意図としての戦う覚悟と海空軍力を含めた軍事力、これらを一体のものとして評価する必要があります。

おそらく、そういったことを考えて、麻生さんは発言されたのではないか、と思います。たしか李登輝さんのお墓も詣でたはず。忙しい中ですから、そういう行動一つにもちゃんと意味があります。

◆中国を睨んで作った海洋法の意義

野口：戦う覚悟は台湾だけでなく、日本にも必要ですよね。武見さんが主導して作った海洋基本法はまさにその先駆けではないか、と思っています。今のような事態になる前に作ったんですから、すごいですね。

武見：あれは１９９８年頃でした。中国の海洋調査船が初めて、日本海の中間線を越えて、こちら側に入ってきたんです。そのことを私は参議院の外務委員会で政府に質問しました。これは将来、東シナ海で日本と中国による深刻な対立が起きる前兆ではないか、と。それを踏まえて、我が国の海洋戦略を再構築する必要がある、と質問したんです。今もその時の議事録は持っています。自分で海洋法に関する研究会を作り、さらには超党派の議連を作りました。そうして、我が国の海洋基本法を作る際には私が代表発起人になりました。

その後、あまりにも予想していたとおりの事態が起きてしまいました。

野口：緊張関高まる今、先駆けて作った海洋基本法が生きてくるわけですね。

武見：海洋基本法を通じて、できることがずいぶん増えましたから。それまでは縦割りの行政に阻まれて、なかなか話が進まなかったんです。海上の警察権は海上保安庁、自衛権は自衛隊、環境は環境省ですが、海中にある魚類やサンゴの話になると水産庁、さらに海底については鉱山とか地質に関係してくるので鉱山法に基づき経済産業省。海に関する課題を扱う際には、このバラバラの縦割りが障壁になりました。海洋基本法により、内閣官房に対策本部を作れたので、そこで5年に1回海洋基本計画を策定し、総合調整ができるようになりました。私が作ったんですが、とても大事な法律だと思っています。

野口：そもそも、海洋基本法を作らなきゃ、と思ったきっかけはなにですか？

武見：それはやっぱり、東シナ海における中国の領海拡張政策ですね。中国の動きにより、超党派で非常に幅広い支持を集められました。日本は１９９６年に国連の海洋法条約を批准していますが、それに基づく国内法の整備を急がなければ、と多くの議員が考えたのは、やはり東シナ海における中国の活動があったからです。

野口：今、まさにきな臭いことをドンドンやり始めてますよね。

武見：今は尖閣諸島でも中間線の向こう側――中国側で天然ガスを掘っていますけど、「こちら側のガスまで吸い上げている」と怒る議員もいます。まだ、中間線を完全に無視しているわけじゃありません。でも、少しずつ中間線を越えた日本側の海底地形なんかについても調査を進めています。潜水艦が行動するために必要な情報を集めているんですよね。彼らは大陸棚の延長線までが自分たちの排他的経済水域だと主張しています。そうなると、沖縄トラフまで中国の水域だということになります。南シナ海でフィリピンの海域を侵したように、東シナ海でもほとんどの海域を中国の支配下に置く心づもりがあるんでしょう。

もちろん、それは日本の安全保障上、許容できる話ではありません。尖閣諸島をしっかり防衛する体制を整えると同時に、海洋の警察力を強化して、なおかつ海上自衛隊の戦力を強化する必要があります。向こうが戦力を増強したらこちらもレベルを上げることで、軍事的能力による抑止体制が図られる、と私たちは考えています。

野口：日本の政治家も上層部は危機感を持っているわけですね。

武見：そこはずいぶん変わりましたね。平和安全保障法を通し、去年は安保三文書を採択。防衛費も5年で倍増しますし、ロジスティクスを強化して継戦能力を高める方針が決まりました。南西諸島についても、しっかり守るための橋頭堡を築いていきます。10年前には考えられなかった進み方です。

◆停滞する日本を尻目に台湾経済はなぜ伸び続ける？

白石：私の方から、少し経済のお話もうかがいたいのですが、ずばり、台湾の経済はなぜあんなに急成長できているんでしょうか？

野口：国民性と政治の両方に理由がある、と見ています。デジタルでの成功はまさにそうでしょう。台湾の人と付き合っていると、根っからの商売人気質だな、と感じます。

武見：政治的なことを言うと、蒋経国の時代に加工区を作ったのが大きいですね。農業経済から製造業へと経済構造を変えたわけです。政策の基本を組み立てたのが蒋経国。大きく育てたのが、ブレインの一人だった李登輝さん。

野口：蒋経国が種をまき、李登輝先生が育て、それをエンジョイしているのが今の人たちですね。

武見：彼らはとにかく成長が早いです。大学で一緒にラグビーをやっていた連中も、あっという間に経済的にも人間的にも大きくなっていきました。

あと、利益回収のサイクルが、我々よりもかなり短いですね。政治的なリスクを抱えながら経済活動をしているので、常に短い周期でものごとを考えるようです。

白石：それは私も感じます。台湾にいたって資源もないしなにもないので、とにかく外に向かって攻めていくしかないわけです。だから、リスクはあってもハイリターンがあるなら、そちらを選択しますよね。

世界的な大企業になったTSMCの創業者、モリス・チャン氏などはその典型です。彼は50年以上前から国際分業を成長のキーととらえていました。当時の日本は真逆で、設計も製造も販売もすべてを自社で抱えることしか考えていませんでした。

そうではなく、自社の強みを活かし、弱いところはどこかから持ってくればいい、という発想で彼らはビジネスをうまく回すんですよ。
武見先生が言われたように、スピード感もすごいです。投資してみて、ダメかなと感じるとすぐに手を引きます。その中で一つでも当たればよし、という考えでしょうか。稟議にばかり時間がかかり、決定した時は既に時遅し、のどこかの国とは大違いです。その代わりといってはなんですが、責任をとるのも上手です。「自分が責任をとるからやってみろ」と言えるんです。
台湾で働いていた当時、私の担当は日本企業だったので、現地の企業と比較しては「ああ、こんなに違うのか」と何度も衝撃を受けました。

武見：政治的な感性とも経済的な感性ともつながるんですが、台湾を含めて、中華圏の文化は情報を非常に重視するし、情報に敏感である、と感じています。日本人に比べて、情報に対する感度が段違いに高いですね。

白石：コロナについてもそうでしたね。大陸側は厳しい情報規制がありましたけど、台湾ではいち早く危険性に気づいて、すぐに対応できていました。一般市民がアクセスできる情報もたくさんありました。

武見：デジタル化についても早いですよね。政治体制の賜ではありますが、スピード感が日本とはまったく違います。

◆日本・台湾の若者へのアドバイス

野口：最後に、日本と台湾の若者に対して、なにかメッセージをいただけますか？

白石：これからの時代を背負う人たちですから、やはり良識のある政治を維持してほしいですね。独裁は論外です。国民の声を聞いてくれる政府と一緒に歩む。その中で楽しく暮らせる世の中がいちばんではないか、と。

今の若者は世のため人のためというより、まず自分のことが先だと感じます。それはそれでよいと思いますが、ただ、そのためにはやはり自身が暮らす国の政治体制に関心を持つ必要があります。独裁主義国家では自由に発言したり行動したりできません。人生を楽しむためには、自分が属している国が国民の意向を汲んでくれる民主国家でなければなりません。まず、人生を楽しんでください。そのためになにが必要かを考えてください。これが私からのメッセージです。

武見：なにか言葉を選ぶとしたら「たくましく生きてください」ということになります。台湾にとっても日本にとっても、これから先、楽な未来はありません。その中でたくましく生きてください。

野口：本日はありがとうございました。台湾のことを中心に、いろいろとお話をしましたが、なにか読者のみなさんにとって参考になる言葉があれば幸いです。

第3章　台湾の魅力

一．地政学上の魅力

第1章でも説明していますが、人類の歴史は古代ローマ文明の地中海時代、近世・近代のヨーロッパが世界の中心であった大西洋時代、そしてそれら悠久の時代を経て、現在は太平洋を楕円とした米国・日本・台湾などを基盤とするインド太平洋時代にまさに突入しています。

最近では他国を無視して自国の利益のみを求める行為が目に余る状況です。一地域のみの出来事にあらず、その影響はまさに世界に波及しています。

そこで地政学的観点に基づく各種対応が世界的に考慮されています。

では地政学とは何か、これをより簡単に説明しますと、国の政策や特性などを地理的な要素より研究する学問です。

少し難しく言いますと、自然地理の政治的な意味やその影響下での国際政治などを分析の対象とする学問の分野であり、国家の外交政策や軍事的戦略や経済資源関連の対応も含まれます。

ところで台湾は、地政学的には政治体制における民主主義の最前線の砦であり、台湾の人々は現状、民主主義を謳歌《おうか》しています。

また経済資源関連では台湾積体電路製造股份有限公司（ＴＳＭＣ）率いる半導体産業で世界を先導し、世界的天才プログラマーであるオードリー・タン（唐鳳）氏（以下、敬称略）率いるデジタル民主主義対応でも世界を席巻しています。

そこでまずは地政学に基づく現状の台湾の魅力から説明していくことにします。

二．民主主義国家

民主主義とは

民主主義とは、国民が主権を握る制度であり、国民が政治に参加し、民意により国を動かすシステムです。

そこでは一般的に言論・思想の自由や人権尊重などが保障され、国民の多数意見が国政に反映されます。

台湾にもかつて、一党独裁の時代がありました。当時は人々が政治に参加することなどまずできず、人々の意向は無視され、権力は少数の人に握られていました。

そういった状況を改革し、「全国民参加型のすべての人の利益を守る民主主義」へと舵を切ったのが、台湾民主化の父と言われる李登輝元総統です。総統は「人民が直接政治に参加できるよう多くの決定権を人民の手に委ね、人民が情熱をもって恐怖感を伴うことなく自由に自己の意見を表明できること」を望み「政府の予算・政策決定等の重要な情報を、すべての国民が容易に閲覧でき、公開して透明化し、人民が容易に監督できるようにする」民主主義を打ち立てようとしました。

これはまさに現在のデジタル民主主義の方向性ともいえるものです。

なおデジタル民主主義では、少数意見をまったく無視するのではなく、たとえ選挙権のない若者などでもインターネット等を通して直接政治に参加し自由に意見を言うことができ、政府公開資料なども容易に閲覧できます。

そして相互理解による共通の価値観を創造しながら、豊かな人間社会を目指しています。これについては後述します。

ちなみに独裁（権威）主義とは、支配的な権力を持つ代表者の考えにより国の政策が策定される制度です。国民の自由は著しく制限され、思想の自由もなく、人権も抑圧されてしまいます。

台湾有事が叫ばれている台湾――台湾海峡をはさんで大陸と対峙する民主主義の台湾を独裁（権威）主義の中国共産党（以下、「中共」）から守るため、米国はじめ自由主義諸国が強力に支援しているのは、民主主義における最前線の砦を堅持する意味を共有しているからです。

自由主義諸国にとってはまさに他人事ではありません。

台湾民主主義の大きな起点

２０１４年の3月、台北で「ひまわり学生運動」（「太陽花学運」）という台湾のみならず世界が注目した歴史的な運動が起こりました。

当時台湾の中国国民党（以下、「国民党」）政権下の馬英九総統は、中共と台湾の間で民主主義対応を無視した「海峡両岸サービス貿易協定」を強引に締結しようとしていました。

当該内容は、中共製のチップを台湾のメインコンピュータに導入することも含め、台湾のサービス貿易を全面的に中共に開放する、というとんでもない内容でした。

民主主義を推し進める中で、台湾を呑み込む中共の狙い通りの当該協定が正式に締結されてしまうと、社会がまさに大変な状況になることを、民主化を支持する学生たちは知っていました。

当時の国民党政権は強硬な対応により強者を助け弱者をくじく政権であることを、人々はしっかりと見抜いていたのです。

内容の審議が不十分なまま議事が進められた協定は、台湾にとり民主主義の崩壊という大変な害を招きかねないものでした。そんな協定を強引に締結しようとしている国民党政権下の馬英九総統に対し、国民は大いなる不信感を抱き、危機感を覚えました。

そこで将来の台湾のためにもこれを黙って見過ごすことができない学生たちが立ち上がって異を唱え、議会との対話を求めて立法院（日本の国会に相当）を占拠しました。

また議場に侵入した学生たちを支持する多くの市民が集まり（主催者発表で50万人）、台湾を守る学生たちを支えました。

李登輝元総統は、「学生たちと直接対話し、何が不満で何を求めているのか、しっかりと耳を傾けるべきである」として、馬英九総統が即時対応するよう促しました。

しかし何を思ったのか、馬英九総統の国民党政権は殴打して流血させる暴力行為により、学生たちを強引に排除しようとしました。

この様子はテレビやインターネットなど（当時民間組織に在籍していたオードリー・タンなどの協力あり）を経由して、リアルタイムで台湾のみならず世界に報道されました。

民主台湾の将来を思っての行動である無防備な学生たちが暴力で排除されるという、まさに非民主主義的対応が世界に知れ渡ったのです。

当時野党であった民主進歩党（以下、「民進党」）の立法議員（国会議員に相当）たちは市民とともに参加し、学生たちを力で一掃しようとした警察に対抗し、男女を問わず体を張って学生たちを死守しました。彼らは学生たちの行動が新たな時代へと社会を導く民主主義の幕開けであることを理解していたのです。

結果として当時の議長は、学生たちの提出した要求が合理的なものである、としてすべて受け入れました。

もし当該協定が強行に正式締結されていたら、台湾のインフラは中共主導で再構築され、独裁（権威）主義国家に変貌していたかもしれません。

このような中共寄りの非民主的な政権を人々が支持するわけはなく、その後の２０１６年の総統選挙では民進党の蔡英文氏が台湾史上初の女性総統に選出され、台湾の民主化はますます広まっていきました。

新しい世代には自己を犠牲にしてまで台湾の将来を思う若者たちが着々と育ってきており、ひまわり学生運動は台湾に民主主義を根付かせる大きなきっかけとなりました。

現在、台湾の人々は政治への直接参加の精神にあふれ、問題点が存在すれば早急によい方向に改定すべく常に検討しながら共通の価値観を見出しています。

この生き生きとした台湾の先進的な民主政治の社会をみんなで共有すべく、民主台湾の存在を世界に知ってもらえるよう働きかけ、理解を求めているのです。

三．世界を先導するＴＳＭＣ率いる半導体産業

ここでは台湾の大きな魅力の一つである半導体産業について説明することにします。

半導体産業

半導体産業とは、簡単に言うと電子部品である半導体を生産し販売する産業です。

半導体の用途はとにかく広範囲に及び、生活に身近なスマートフォン、高性能のパソコンや家庭用ゲーム機から、自動車の自動運転システム、ＡＩ（Artificial Intelligence：人工知能）や量子コンピュータ等の最先端機器、人工衛星、宇宙船など、まさに多くの産業の主役として世界を動かしている存在です。

台湾の半導体

半導体を製造する工場を持つファウンドリー（半導体受託製造企業）、半導体を設計し工場を持たないデザインハウス（ファブレス企業）、半導体の封止・検査関連企業など、台湾の半導体は世界で圧倒的な地位を築いており、台湾企業よりアップル、インテル、クアルコムなどなど世界の主要な顧客に提供されています。

ＴＳＭＣの創業者である張忠謀（モリス・チャン）氏（以下、敬称略）が以前「地政学を考えれば、将来ＴＳＭＣは世界各国で争奪の対象になる」と語っていたそのままの状況が、現在実現されています。

よってもし台湾に有事が発生し、世界向け半導体供給が停止することになれば、世界経済の停滞は避けられず、世界は計り知れないほど大きなダメージを受けてしまいます。

台湾で製造する半導体製品は最先端のものを中心に今後も新工場が続々と立ち上がるため、ますます世界の台湾への依存度が増すことになります。

また世界各国からの勧誘により、台湾国内のみならず海外への拠点シフトも行われています。なお台湾ではＴＳＭＣのような巨大なファウンドリー企業のみならずファブレス企業などもかなり強力に対応しています。

ＴＳＭＣについて

ＴＳＭＣは１９８７年に設立された世界初のファウンドリーです。創業者の張忠謀は、台湾の半導体産業の創始者としても知られています。

本社は台湾新竹市の新竹サイエンスパークにあり、従業員は全世界で６万人以上おり、台湾北部・中部・南部、米国、シンガポールなどで半導体製造事業に投資しており、また日本、北米、欧州などにも拠点を置いています。

1993年に台湾証券取引所（TWSE）に上場。1997年に台湾企業として初めてニューヨーク証券取引所（NYSE）に上場。時価総額は世界トップクラスの約6000億米ドル（約80兆円）で、日本企業トップのトヨタ（約40兆円）と比べても約2倍の規模を誇ります。

TSMCは世界最先端半導体プロセス技術である5nm（ナノメートル：1ナノメートルは1ミリメートルの100万分の1）を用いた製造サービスを提供する最初のファウンドリーであり、3nmでの量産も着手しており、2025年にはなんと2nmでの生産を開始する計画もあります。

最近の世界的な半導体需要の高まりにより、TSMCは台湾国内のみならず海外への設備拡張を計画しており、AIや5G（高速大容量、低遅延、多数同時接続などを特徴とする第

５世代移動通信システム）を搭載したアプリケーションで使用されるチップなどの需要拡大に対応すべく、１０００億米ドルの投資による製造能力の強化などを計画しています。

日本の熊本県にも２０２４年に12インチウェハーの生産を開始する会社を設立し、またグローバル顧客対応のため横浜にデザインセンターを、さらに最先端半導体の開発を目的に研究開発センターを茨城県つくば市に設立しています。

ちなみに熊本県に進出中のＴＳＭＣのように、最先端とはいえない半導体を製造する施設もありますが、これは以前の技術で製造される半導体も不足しているためであり、日本にとり自動車生産などに欠かせない半導体の日本国内での確保などには有利になります。


ＴＳＭＣの大きな強みは以下のとおりです。

・超高度な技術対応および量産体制

半導体チップの回線路幅が狭ければ狭いほど多くの回路を詰め込むことができるが、その微細加工をするためには高度な技術力を要し、同時に大量に製造できる工場を構える必要がある。ＴＳＭＣでは上記対応が十分にできている。

また微細化に伴い、性能向上のみではなく、エネルギー効率の向上により消費電力の削減ももたらしている。

・大規模投資

巨額の売上を速やかに次の投資に回し、大規模投資のサイクルを順調に行い、経営面でも成功している。

・人材の厚み

技術者を大切にする企業風土があり、優秀な技術者層を報酬体系も含め厚く保護している。

・情報管理体制

世界の大企業と取引しているため、それを継続するためには情報漏洩などのリスクを排除する必要がある。

そこで顧客同士がライバル企業であるケースもあるため、ＴＳＭＣ内部でも顧客情報が漏洩しないよう堅固な情報管理システムが構築されており、情報アクセス権限は現場から上層部にまで徹底されている。

・社会的取り組み

現在の世の中は環境問題、社会問題、人権問題など、様々な問題に直面しており、企業が長期的に成長するためには3つの観点――環境（Environment）、社会（Social）、ガバナンス（Governance）の頭文字を合わせたＥＳＧを意識した対応が必要になる。

そこでＴＳＭＣはＥＳＧに配慮した経営をし、ＳＤＧｓ(Sustainable Development Goals：持続可能な開発目標、後述）の達成に貢献することができるよう、具体的な対応をしている。

台湾政府の支援：官民一体

半導体は今や世界に誇る戦略物質であり、台湾政府の半導体産業にかける期待は非常に大きいものがあります。現在の台湾での大きな半導体企業は民間企業ですが、台湾では当初から台湾政府が戦略的に対応し、やっと大きな花が開いたという経緯があります。

現在の民進党の蔡英文政権は、この半導体産業を台湾の生存戦略と言ってもいいくらいに支援する姿勢を見せており、全面的支援を繰り返し唱えています。

またＡＰＥＣ（Asia Pacific Economic Cooperation：アジア太平洋経済協力）などに蔡英文総統本人が出席できないときにはＴＳＭＣを代表として送ったり、半導体の専門家の人材育成を政府として全面的に支援したりしていくことで、官民一体で様々な支援体制を構築しています。それは台湾として半導体産業へ大きな期待をかけていることへの証しでもあります。

ところで半導体産業は世界中で大きな貢献をしており、世の中がますます進歩する先駆的な役割を担っています。

その一方で、便利な世の中になればなるほど、知らずのうちに環境破壊などの負の部分がじわじわ歩み寄ることにより、結果として将来世代に悪影響を及ぼすような原因を生じさせてはなりません。

どの産業もそうですが、競争社会であっても自己中心で将来世代を無視した目の前の利益一辺倒の対応は避け、ＳＤＧｓへの貢献を決して忘れてはいけません。

民主台湾における半導体産業のＳＤＧｓへのたゆまぬ貢献、さすがです。

四．オードリー・タン（唐鳳）率いるデジタル民主主義

オードリー・タンと言えば、真っ先に思い浮かぶのは世界が称賛した台湾の新型コロナウイルス関連対応であり、それを成功させているデジタル民主主義を先導する台湾を世界は大いに注目しています。

しかしそれはオードリー・タン一人の業績ではありません。

彼は政府と民間の間に立って対話のできるデジタル空間で双方をつなぎ、共通の価値観を共有することにより、官民一体となってみんなの台湾をみんなで創出できるようプロデュースしたのです。

なおこれは台湾のみならず、人類の利益のためにも当然有用です。

そこで台湾に出現した天才プログラマーにして政府閣僚（デジタル大臣）でもあるオードリー・タンの生い立ちや考え方、民間と共に対応している事項などを紹介します。

台湾のデジタル躍進を象徴するオードリー・タン

オードリー・タンは1981年生まれ。名前は唐宗漢。

IQ（Intelligence Quotient：知能指数）は180以上（身長も180cm）。

10歳の時に父の留学先のドイツへ。

15歳でIT（Information Technology：情報技術）企業の起業に参画し、開発したソフトウエアが全世界でヒット。

16歳で明碁電脳（BenQ）に入社し、米国のシリコンバレーに派遣。

19歳で台湾に戻り起業。

24歳の時にトランスジェンダーを公表し、オードリー・タン（唐鳳）と改名。

30歳でアップル社のクラウドサービスの顧問に就任。

32歳で「gOv」（ガヴ・ゼロ：シビックハッカーコミュニティ）に参加し、オンライン国語辞典「萌典」を提案。

35歳で民進党の蔡英文政権にて行政院（内閣と各省庁を合わせたものに相当。行政院長は首相に相当）に入閣し、無任所閣僚（政府の特定部局の長とならない閣僚）の政務委員（デジタル担当）に就任。
38歳の時に米外交政策専門誌「フォーリン・ポリシー」で「世界の頭脳１００」に選出される。
２０２０年の39歳の時に市民とともに「マスクマップアプリ」を開発、その他感染症対策に多大な貢献。

このように若くして素晴らしい知識と経験と思考を持つにいたったオードリー・タンは、現在はデジタル技術を人のために使い、市民とともに仕事をする大臣として知られています。

理念として「徹底的な透明性」を挙げており、公開できるあらゆる情報がインターネット上で公開されていることによって、政府の官僚や大臣が何をやっているのか、何を考えているのかを知ることができ、市民が「国家の主人」になれる、というビジョンを掲げています。

またオードリー・タンは「デジタル技術とシステムにより政府の問題解決を補佐し、政府と市民のコミュニケーション促進と強化を行っている。自分の役割は特定の団体の利益のために動くことでもなく、政府のために政策広報を行うことでもなく、より多くのアイデアと力を結集させるパイプとなることである」と述べています。そこで政務委員としてこれに取り組み、若者層と高齢者層のジェネレーション・ギャップを埋め、パブリック・アクセス（市民が公共の資源・財産にアクセスする権利）のためのフリーソフトウエアを開発し、台湾の新たな共有経済が実際に機能することを示しています。

さらにオードリー・タンは「ＩＴとデジタルとはまったく別のものである。ＩＴとは機械と機械をつなぐものであり、デジタルとは人と人をつなぐものである。デジタル化は決してデジタル単独で進むのではなく、その向こうには私たち人間がいるのだということである。そこで反復性が高い仕事であればＩＴや機械に任せておけばよいのであり、多様性に富んだ社会において人間同士の大切なコミュニケーションをより促進することができるもの、それはＩＴではなくまさにデジタルである」と考えています。

デジタルの未来で注目されているのがＡＩです。

このＡＩの知能は「Assistive Intelligence（補助的知能）」なのでしょうか？　または「Authoritarian Intelligence（権威的知能）」なのでしょうか？

これについてオードリー・タンは「後者は私たち人間の価値がますますなくなり、ＡＩの決定に従わなければならなくなるという状況をもたらす。しかしＡＩは後者ではなく、前者である。つまり自己の下した決定について補助的に説明してくれるのが補助的知能であるＡＩであり、私たち自身がＡＩの未来を創っていくことができるのである」と考えているのです。

台湾の新型コロナウイルス（ＣＯＶＩＤ　19）対策

台湾はオードリー・タン率いる新型コロナウイルス対策によりいち早く封じ込めに成功した対応で、世界から大きな注目を集めました。

しかも経済発展と公衆衛生の両立を同時に成し遂げているのです。

台湾では２００３年に流行したＳＡＲＳ（重症急性呼吸器症候群）の経験により、「都市封鎖（ロックダウン）は社会的によい結果を生まない」という教訓や、「マスク着用は感染予防効果がある」という知見を既に得ていました。

なお当時は、感染防止のためにはN95という外科用マスクでなければ効果がないと言われていましたが、必要な人に行き渡らなかった経緯から、その収束後も課題を検討し確実に解決していったのです。

この教訓に基づき、ウイルスは症状が出ていなくとも感染することを台湾の人々は理解していました。「手洗い徹底」「ソーシャルディスタンス確保」「マスク着用」の政府要請に対して市民もすぐに実行に移せたのは、SARSの苦い経験により台湾の人々がウイルスの仕組みを正確に理解し、共通の価値観を持っていたからです。

民主台湾においては、政府と民間の間にパンデミック（世界的大流行）への準備の意識が既に共有されていました。世界でも類を見ないレベルの感染抑制に成功したのは、開かれたデジタル技術により有用な情報が社会全体に広がっていった結果なのです。

世界中が新型コロナウイルス感染症に苦しめられている中で、台湾は権威的ではなく民主的な手法により防疫に成功しました。

まず新型コロナウイルス感染拡大により台湾も同様にマスク不足に陥り、購入できる数量を一人当たり3枚までに制限しましたが、買い占めが発生してしまいました。そこで人々が平等にマスクを購入できる方法を早急に考え出さなければならなくなりました。

結果として台湾政府は早急な対応を行うことができ、「マスクはすべて政府買い上げ」「マスクの輸出禁止」「マスク販売は健康保険特約薬局で実名制（つまり本人確認）」にて対応することになりました。

台湾ではほとんどの人々が健康保険に加入していますが、台湾の健康保険証にはＩＣチップが入っています。そこで健康保険特約薬局（全国に６０００ヵ所以上）の端末は政府の健康保険加入者のデータベースにオンラインでつながっているため、この端末に健康保険証を差し込むだけで、誰がマスクを買いに来たのかがすぐに確認できるのです。

ただ、システムが稼働した当初、どこの薬局に行けばマスクを正確に購入できるのかに関する情報は、その時点ではありませんでした。そこで買い求める人が無駄足を踏むことがないように、それぞれの薬局が保有するマスクの正確な販売数および在庫数をすべてデータとして公開すればよいと考えました。

その正確な情報を、時間がないにもかかわらずどうしても早急に公開しなければならず、さらにその上、スマートフォンやパソコンで簡単に対応できる仕組みがどうしても必要でした。

そこで社会問題に取り組む民間のエンジニアたちである「g0v」という大勢のシビックハッカー（ここで言うハッカーとは、ＩＴの専門知識や技術を使用して各種課題を解決する民間の専門家）が集まるコミュニティで、一緒に問題解決に取り組んでもらおうと考えました。

オードリー・タンは政府の大臣になる前に「g0v」で様々な活動をしていたため、必ずよい方法が見つかると確信していました。メンバーの一人がグーグルマップを使用してどこのコンビニにマスクがあるかを知り合いに教える「マスクマップ」プログラムを既に作成していたのです。

そこで、政府が考えているマスク販売の仕組みや政府のデータはすべて公開することおよび政府との調整は自分が行うことを前提としてメンバーに説明し、「政府版マスクマップアプリ」の作成協力を依頼しました。

その情報は瞬く間に広がり、台湾社会を助けるためシビックハッカーたちは競ってマスクマップの作成をはじめ、驚くことになんと３日間でそれを完成してしまったのです。

さらに最初は30分ごとのデータ更新でしたが、すぐに30秒ごとの更新に改良され、また視覚障がい者が音声で検索し、音声で結果を得られるものも出来上がりました。その後マスクマップは１４０種類以上になり、利用者はすべて無料で好みのものを選べるようになりました。

無料であるのは、政府がデータを無償で公開したことにより、データの使用料を支払うことなくプログラムを作成できたためです。

コンビニでも政府のアプリを利用して予約購入しマスクを受け取れることになり、さらに容易に便利になりました。


またスマートフォンやパソコンなどに詳しくない人でも簡単に対応できるような方法も考え出されました。年配者の意見にも耳を傾け、「自分は社会から必要とされているのだ」と実感できる社会をまさに創出しています。これが「誰も取り残さない」と考える台湾の素晴らしい対応なのです。

さらに感染拡大に対しては、濃厚接触者追跡ＱＲコードアプリなども奏功しました。

コロナウイルス防疫を成功させた「三つのF」とは

台湾のデジタル民主主義の考え方は、政府と民間が一体となり共通の価値観をもって問題を解決することであり、そこには透明性、つまりすべてをオープンにするという主張があります。前述のとおり、このたびのマスクマップアプリ開発においても、政府保有の関連データはすべて無料でオープンにされました。

なお台湾が新型コロナウイルスの防疫に成功したのは「三つのF」にあるとされています。つまり「Fast：速さ」「Fair：公平さ」「Fun：楽しさ」です。これらは「コロナ禍において陣頭指揮をとる政府がまず速やかに対応し、情報の伝達や政策は公平に、かつ堅苦しくなくユーモアをもって行うことが重要な成功要因である」という考えの象徴といえます。

特にパンデミックなどの状況においてはフェイクニュースなどの偽情報が続出するようですが、堅苦しくないユーモアを交えて真実の情報を発信すれば、人間はユーモアのある正しい情報を信じるのであると考えているのです。

ところで２０１９年に中国の武漢で発生したといわれる新型コロナウイルス、これに対する民進党の蔡英文政権の新型コロナウイルス対策は、前述しましたように完璧といってもよい水準でした。

２０１９年12月末に武漢での異変に気付いた台湾政府は、矢継ぎ早に適切な対策を打ち出し、新型コロナウイルスの台湾への流入をいち早く食い止めることができました。

それにより台湾ではロックダウンもせず、また長期の休校や一般の飲食店の強制休業などもありませんでした。台湾の成功例を見るまでは、経済発展と公衆衛生の両立は一般的に難しくロックダウンなどのどちらかを取捨選択しなければならないと思っていた、と語る人も少なくありません。

世界的なコロナ禍においても台湾のＧＤＰ（国内総生産）は、２０２０年は約３・４％、２０２１年は約６・５％、２０２２年は約２・４％と成長しており、海外からも防疫の優等生であるとして高く評価されています。

台湾は権威的強制対応ではなく民主的手法により防疫に成功しており、残念ながら（一部の妨害により）ＷＨＯ（World Health Organization：世界保健機関）への加盟はまだ認められてはおりませんが、この「台湾モデル」は必ずや世界に大きな貢献ができると信じています。

重ねて強調したいのは、台湾で推進しているのはデジタルを用いて民主主義をより強力に前進させていく「デジタル民主主義」だということです。

具体例としてコロナ禍での「ショートメッセージを利用した実聯制（じつれんせい：簡便的実名登録制）」を紹介します。

台湾では新型コロナウイルスの感染拡大に伴い、公共の場所での使用には実名登録が義務付けられました。交通機関やコンビニやオフィスなど人が集まる場所への出入りに際しては、いつ、誰が、どこに行ったのかを把握するため、当人の氏名と電話番号を政府に提出するというものです。

当該方法は、場所ごとに割り当てられた重複しない15桁の番号を、政府の感染症相談ダイヤル宛に送るというものです。当該番号は携帯電話を用いて手入力して送信するもよし、またはＱＲコードのスキャンにより入力しショートメッセージとして送るもよし、お店等を信頼しているのであれば、店舗等に備え付けの申告書（用紙）に記入して送ってもよいのです。
そうなると「個人情報保護」つまりプライバシー保護の観点より、政府により市民の個人情報が監視されるのではないかという懸念も生じてしまいます。

そこで当該制度により提出され保存されているデータについては、政府担当者が閲覧したかどうかを市民側も確認できるようになっています。また政府担当者がデータを閲覧する際には単一の入口からしかアクセスできず、保存やコピーもできません。さらに、回収されたデータはすべて閲覧記録とともに28日間のみ保管され、個人情報を厳重に管理しているのです。

このようにデジタル化社会においては、政府と民間との間の信頼関係が不可欠な条件となるため、台湾では信頼関係の構築にも重点を置いています。

なお台湾のパンデミック対策がとれたのは、２００３年に流行したＳＡＲＳの教訓もありますが、肺炎の流行の初期段階において内部告発をＳＮＳ（Social Networking Service：インターネット上のコミュニティサイト）で配信した勇敢な武漢の李文亮医師のおかげでもあります。

しかし李医師は残念なことに、感染症により自ら命を落としてしまいました。

この情報が民主台湾のすべての人々に届いた時点で、地元武漢の人たちには中共当局のコントロールにより届いていませんでした。その結果、武漢では強権的ロックダウンをとらざるを得なくなりました。

もしも言論・表現・報道の自由が認められていた国であったならば、と思うと、大勢の貴重な命が失われたことは非常に残念です。

第4章

世界を牽引する台湾デジタル民主主義

一・デジタル民主主義

世界の先駆け　デジタル技術で民主主義を推進

現代はＡＩなどの急速な進歩により、ライフスタイルを一変させるような便利なデジタル社会への変革が進んでいます。

台湾ではデジタルを用いて民主主義をさらに前進させていく施策――デジタル民主主義を推進しています。そこでは政府からの一方通行ではなく、政府と民間が共通の価値観を有し、一体化して問題を解決していこうとする姿勢が見られます。

国際的なプラットフォームとしては「透明性、説明責任、参加、包摂などの中核的な価値観を提唱し、政府と市民社会の協力と共創を重視する国際的な取り組み」があります。

開かれた台湾政府としては、上記対応を既に行っており、官民一体による相互信頼のもとで、市民が政策の改革につき提案したり意見を述べたりできるよう、ソーシャル部門が積極的にデジタルインフラを構築しています。

デジタル民主主義とは、デジタル技術を使用して誰もが政治に参加できるような市民参加型の民主主義であり、これには政府と民間の相互信頼関係が基盤となっているのです。

台湾はこのデジタル技術を用いて「オープンガバメント（開かれた政府）」（後述）や「ソーシャルイノベーション（社会変革）」（後述）などを推進しています。

デジタル技術の長所は皆が分け隔てなく一つのプラットフォームに集って対話できることであり、台湾では15歳前後の若者層や高齢者層が積極的に参加しています。

彼らには自由に使用できる時間が他の年齢層よりも多く、かつ前者は将来の社会を見つめて考えたり、後者は自分の孫の世代を考慮したりすることにより、参加に意欲を覚えるという特性があります。

ところで先進デジタル技術を使用すれば、サイバー攻撃（パソコンやサーバーなどの情報端末に対し、ネットワークを介して破壊、情報改ざん、窃取などをする行為）やフェイク

（虚偽）による心理戦や情報戦もできてしまいます。

また情報操作を行えば、人々の意識や世論や政策を変えることもできてしまいます。

さらには例えばコロナのコントロールができるのであれば、同時に選挙のコントロールも可能なのです。

よってこのことは独裁（権威）主義社会のみならず、民主主義社会でも悪意を持ってやろうと思えば可能なことなのです。

このようにデジタル化によりイノベーションを起こすにしても、その目的により進むべき方向性はまったく異なるので注意が必要です。

例えばデジタル化による顔認証により国民のデータを確保し、政府の意のままに国民を管理しコントロールするようなデジタル独裁（権威）主義の発想を善良な民主主義社会ではまったく受け入れることはできません。

そこで政府と民間の間に立つオードリー・タンを先頭に、デジタル民主台湾の具体的対応方法や考え方などにつき説明していきます。

オープンガバメント（開かれた政府）

台湾が推進しているミッションの一つに「オープンガバメント（開かれた政府）」があります。

この「オープンガバメント」の対応は4段階に分かれています。

・第1段階：「オープンデータ」政府の資料やデータを開放
・第2段階：「市民参加」開放後に市民による意見の問いかけ
・第3段階：「説明責任」それらに対する政府の回答
・第4段階：「インクルージョン（包括性）」第3段階で誰も取り残さないことを確認

そのオープンガバメントにおいて行った施策の中で、「DX」（デジタルトランスフォーメーション：デジタル技術を社会に浸透させて人々の生活をより良いものへと変革すること）の基礎に直結するのが、「Open API：Open Application Programming Interface（外部から接続するための仕様や手続きなどの共有領域を公開し、外部から連携できるようにすること）」

です。

この「Open API」は、上記「オープンガバメント」の第1段階である「オープンデータ」に位置付けられます。

この例としては既に有名な台湾の「マスクマップアプリ」があり、コロナ禍の初期段階で台湾のマスク在庫が不足した際に、政府はマスクの在庫を「Open API」で公開しました。

それを利用して既に上述しましたシビックハッカーコミュニティである「gOv」の仲間たちとともにわずか3日間で作り上げたのが、台湾全土に6000ヵ所以上ある販売拠点のマスク在庫が30秒ごとに更新される「マスクマップアプリ」なのです。

これは多くのシビックハッカーたちにより、さらにＬＩＮＥボットやグーグルアシスタントなど、数多くのアプリケーションへと応用されていきました。

今では多くのデータが「Open API」で提供され、それに対する成果物も「Open API」で公開できるようになっており、それはまさに台湾の民主政府と民間の共有財産なのです。

この「オープンガバメント」はＳＤＧｓを構成する17の目標の16番目である「平和と公正

をすべての人に」に相当します。これにより誰も犠牲にしない政治を目指すことができるのです。

ソーシャルイノベーション（社会変革）

ところで従来とは異なる創造的な解決方法により社会問題や課題を解決する概念として「ソーシャルイノベーション（社会変革）」があります。

この「ソーシャルイノベーション」において大切なことは、「共通の価値観」でつながり連帯していくことなのです。

では現在の多様性にあふれる社会において、この共通の価値観をどのように創造していけばよいのでしょうか。

もし人と人が現実的に直接知り合って協業し始めるとすると、相当の時間を要することになります。一方、インターネットを利用すれば、今まで面識のない人との間でも容易に共通の価値観を見出し、ともに実践することができます。つまり、時間的なロスを抑えて協業することが可能なのです。

よって自分ひとりで無理に解決しようとせず、異なる能力を持ち異なる角度から検討できる人と分担して協業することにより、問題の解決方法をシェアしていくことが非常に大切なのです。この姿勢を「オープンイノベーション（開かれた改革）」と呼び、この姿勢で社会問題の解決に当たることを「ソーシャルイノベーション」と言うのです。

台湾政府は、オランダに本拠地を置くＮＧＯ（非政府組織）から、ＳＤＧｓの達成に向けて取り組む政府等を表彰対象とする「国家・政府賞」を贈られました。

オードリー・タンはその授賞式で「台湾の社会は民主主義を大切にし、オープンで、助け合いや言論の自由をコアバリュー（中核となる価値観）としているからこそ、ソーシャルイノベーションが実現できるのである」とスピーチしています。

当該ソーシャルイノベーションは、市民がテーマを決めて政府がそのアイデアに協力することで完成するのであり、政府は主体者ではなく、また方向をコントロールする存在でもありません。

現在の台湾の民主主義はそのような方向に発展してきており、まさに民主による社会そのものなのです。

さらにより良い社会の実現のため皆が連帯し、台湾のみならず世界中の仲間とともにソーシャルイノベーションに取り組んでいます。

例えば従来の民主主義的投票の欠点をカバーしている「クアドラティックボーティング」（Quadratic Voting：二乗投票）は、台湾各地が抱える課題を市民たちが提案し政府が公開する「オープンデータ」を使用しながら解決案を模索する「総統杯ハッカソン」というイベントの市民投票にも採用されている素晴らしい考え方です。

これは一人ひとりが1票ずつ投票するのではなく、一人が合計99ポイントを持って投票します。

例えばある人に1票を入れるとポイント数は「1×1＝1ポイント」、ある人に2票入れるとポイント数は「2×2＝4ポイント」、同様に3票入れると「3×3＝9ポイント」というように二乗のポイント数を使用することになります。

なお一つの投票先に投票できるのは一回のみ、かつ一つの投票先への投票限度は多くても

9票のみです（9×9＝81ポイント。10×10＝100＞99）。

投票者は複数の投票先に比率を分けて投票することになるため、票が一ヵ所に集中することなく少数派の多様な意見も反映することができるのです。

そうなると投票者は本来自分が投票しようと考えていた投票先のみではなく、他の投票先の意見にも耳を傾けることになり、「私はこの人の意見に賛成であるが、あの人の意見もなるほどと思う」と考えることにより、新たな発見も生じます。

共通の価値観のつながりによる「ソーシャルイノベーション」が生まれるためには「以前になかったものでも、自由な社会として受け入れられる」という考え方が必須です。

たとえ革新的なアイデアが提案されたとしても、社会がそれらを受け入れなければ、イノベーションは生まれません。

また進歩的な提案がよくて、保守的な提案がよくないということでもありません。

さらにいくら新規のアイデアであっても根本的な人間の尊厳を脅かしたり、社会倫理を無視したりしてはいけません。

「vTaiwan」と「Join」

一般的にデジタルと言えば「0か1か」みたいな冷たいイメージがあると思いますが、台湾で使われているデジタルはまったく異なります。

例えば台湾では「vTaiwan」と「Join」というインターネットを通じた政治参加の方法が機能として組み込まれています。

「vTaiwan」は、政府の提案のうち意見が分かれそうな事案につき、あらかじめ市民の意見を聞くためのシステムです。

意見には賛成もあれば反対もありますが、「程度の違い」にも着目すべきです。同じ賛成にも「大いに賛成」や「部分的に賛成」など様々な意見があるため、自分は賛成（反対）でも一体どこの位置にいるのか、「多数意見と同様か」「部分的には同様か」または「他の人の意見とはかなりかけ離れているのか」など、自己の位置を客観的に知ることができる仕組みになっています。

「Join」は、市民の側から具体的な政策を提案できる仕組みであり、選挙権の有無にかかわらず政府に対して意見を提議でき、政府を監督できるシステムです。「Join」では、一つの提案に対して60日以内に５０００人以上の賛同者が集まると、政府は必ず正式な回答をしなければならないと規定されています。

この「Join」は敷居も低く、市民に大いに浸透しているシステムです。

二．ネットの問題への先進的な対応

SDGsとソーシャルイノベーション

ＳＤＧｓは２０１５年の国連サミットにて合意された国際目標です。当該目標は、２０３０年までに貧困、不平等、格差、気候変動による影響などの世界の様々な問題を根本的に解決し、持続可能でより良い世界を目指す、としており、世界共通の17の目標（ゴール）と１６９のターゲットなどで構成されています。

前述したように、「オープンガバメント」は16番目である「平和と公正をすべての人に」

に該当します。またこのたびの新型コロナウイルス関連の取り組みは3番目の「すべての人に健康と福祉を」に該当します。

新型コロナウイルスの防疫対策では、台湾の「マスクを迅速に公平に購入する方法」や「ワクチン接種を迅速に公平に受けられる方法」が、海外から注目を集めました。

これらは世界共通の価値観であり、前記内容にかかわらずSDGsの17の目標はもちろんすべて重要です。そのうえでここに「ソーシャルイノベーション」の概念を浸透させることができれば、世界共通の価値観を実現する可能性はさらに無限に広がっていきます。

ネット上での暴露・指摘

ところで一般的にインターネット上の公開された場所（SNS等）で起こりやすいのが「ネット上での炎上」であり、何らかのミスがあった際にそれを直接ネットで指摘され集中攻撃に遭うようなケースです。

そうなると社会的な歪みが残り、攻撃に遭った本人も大きな痛手を負ってしまいます。

そのようなことが起こらないための対処方法として、ウェブサービス（インターネット上で提供されるサービス）で何かしらの欠点を見つけた場合、ネット上でそれをすぐに指摘するのではなく、相手に一定の時間を与え、相手に修正してもらいたい旨をまず伝えることが有効です。

それでも相手が当該期間内に対応してくれない場合には、ウェブサービス利用者を保護するためにも、やむを得ずインターネット上の公開された場所で、その欠点を指摘することになります。

もちろん指摘された側が当該期間内に修正作業をしていれば、問題点を解決した旨を自ら説明でき、サービス利用者に対しても保護が可能になります。

実際、インターネット上の公開された場所では、ほとんどの問題は故意ではなく過失によって起こっているようですので、指摘する側としては、まず相手が故意に行っているとは思わず、相手に時間を与えて直してもらうようにすべきなのです。

インクルーシブ（包括的）な対応

また誰も取り残さない「インクルーシブ（包括的）な社会」を創るための対応、つまり様々な要因により社会への参加機会を逸している人々への対応も必要です。

台湾では政府認可だけでも20もの言語がある多民族国家であるため、母語が中国語ではない人たちを取り残してしまいがちです。そこで政府の公務上の議事録などをインターネット上に「アーカイブ」（削除したくないデータを専用の記憶領域に保存する機能）として残しています。この取り組みにより、母語が中国語ではない人も翻訳ソフトの使用などにより内容を確認できます。

また遠隔地や山岳地で暮らす方々も参加しやすくなるように、5Gの通信基地の設置を山岳地や離島からも行い、医療や教育なども含めネット環境があまりよくない地域にも導入されています。

このように誰も取り残さない社会こそ、ソーシャルイノベーションの礎となり、台湾の人々皆を民主社会に参加させ、生活の安定と尊厳をもたらすのです。

フェイクニュース

台湾はアジアで最も社会が開かれているというデータがある一方で、それに伴いインターネット上で飛び交うフェイクニュースもかなり見受けられます。

台湾では「フェイクニュース」を、メディアやジャーナリストの過失による誤報と、故意に捏造された情報に分けています。後者を「フェイクインフォメーション」と呼んでおり、言論や報道の自由を守りながらもフェイクインフォメーションをかなりコントロールできていることは、台湾の誇りでもあります。

台湾で大いに問題視されているこのフェイクインフォメーションですが、そのうち「故意・危害・虚偽」の三つの条件がそろった場合には、政府がただちに対応することになっています。この情報が確認されると、各省庁に設置された即時対応チームが、60分以内に「2・2・2の原則」のもとで正しい情報を発信するのです。つまり当該原則とは、見出しは20文字以内、写真・図版は2点、本文は200文字でコンテンツを作成するというガイドラインです。

逆に「故意・危害・虚偽」の三つの条件がそろわない場合には、政府は介入しません。というのは、もし介入してしまうと、政府の干渉が報道の自由を侵害することになってしまうからです。

このフェイクインフォメーション対策には、政府だけではなく民間のシビックハッカーたちも活動しています。これは「gOv」のメンバーが長年運用し現在台湾で20万人以上が利用している「Cofacts（真的假的：嘘か誠か）」というプロジェクトで、流れてきたフェイクインフォメーションをＬＩＮＥまたはウェブサイト上に入力するだけで彼らのデータベースと照合され、それがフェイクインフォメーションかどうかを教えてくれます。

このように政府と民間の双方で取り組む姿勢も大変重要なのです。

さらにまず一人ひとりが目にしたデータをすぐにそのまま信用しないことも重要であり、データの出所を確認する視点――「データガバナンス」を持つ姿勢も大切なのです。

三、デジタルが産生する新たな社会モデル

デジタル上での交換モデル

ところで民主主義社会は一般に資本主義経済であり、国家が市場に介入せず、市場経済の需給バランスにより最適な価格や数量が市場で決定されます。

そこでは経済活動により富が蓄積される一方で、所得格差も増大して貧富の差が生じるこ

とになり、自由取引と平等分配とは両立しなくなってしまいます。

そこで思考を変え、既存の有限資源を市場原理によりどう配分するかではなく、人々が共通の価値観に基づきそこからさらにより多くの価値を生み出すことができれば、資源の無限の可能性が広がることになります。

台湾ではそれをデジタル上での交換モデル（オープンかつ無償の交換。信頼関係の担保が必要：柄谷行人氏提唱）により可能にしようと模索しているのです。

デジタル民主主義の優位性

現在のデジタル化されたプラットフォームを使用すれば、一つのテーマや問題に対しても誰もが自由に参加して話し合うことができます。共通の価値観を保有し、目指す方向に共通認識があれば、社会をより良い方向に導くことが可能になります。

そこに従来の代議制（間接）民主主義に対するデジタル民主主義の優位性を見出しているのです。

このように時代を先導する台湾のデジタル民主主義は、未来の政治システムの参考になりうることを世界に示しています。

ところで台湾ではボランティアがかなり盛んであり、参加している人々は、お互いを知らなくとも、社会を支援するために励まし合いながら力を合わせて助け合っています。

デジタル民主主義に参加する人々は、そういった活動と同じく、お互いを知らなくとも、民間や政府の問題点を指摘し合いながらより良い方向に舳先《へさき》を向け、社会を支援するために力を合わせて助け合っています。

台湾で盛んであるボランティアは、デジタル民主主義の根底の一つであるような気がしてなりません。

第5章

台湾有事ならびに地政学上のリスクおよび対応

台湾有事とは一体何であり、どうなるのか、これらにつき当事者間の主張や関連するリスク対応なども含めて説明することにします。

一．台湾有事

台湾有事とは

台湾有事とは、簡単に言うと中共が台湾に軍事侵攻することを想定した筋書きです。

中共側の主張

中共の立場では、偉大な中華民族の復興を実現することが悲願であり、その重要な一つとして台湾統一があるとしています。

最近のロシア・ウクライナ戦争では、自由主義諸国がロシアの侵略を厳しく非難し、ウクライナ防衛支援のため世界規模での対露制裁措置が発動されました。

しかし中共は台湾を「中国の一部」「不可分の領土」「核心的利益」と位置付け、台湾統一は必ず実現し、そのためにはあらゆる必要な措置を取り、武力行使を放棄しないと強調し圧力をかけ続けています。

実際に中共は過去にも台湾攻略を目的に幾度か台湾と紛争を起こし（台湾海峡危機）、中国に近い台湾の金門島への砲撃を行いました。

最近は台湾周辺の海空域で軍事的威嚇行動を実施しています。

なお中共は本来「一つの中国」として平和的統一のための「一国二制度」（中国の一部の領土であることを前提に、台湾に高度な自治を認め、中国本土とは異なる制度を適用すること）を提案しています。

台湾側の主張

台湾政府は、民主主義・自由・人権は普遍的価値であり、これらを否定することは決して許されず、価値観のまったく異なる中共との統一はあり得ないと主張しています。

また「一国二制度」の提案についても、当該制度が実現不可能であることは香港のケースでも明確であるとしています。なぜなら将来50年間は社会主義政策を香港で実施しないことを約束した英中間の重要な署名文書を中共はいとも簡単かつ一方的に破棄したからです。その中共から台湾に対して同様の内容を提案されても、当然信用することはできません。

台湾としては中共の提案をまったく信用できないことも含め、絶対に受け入れることはないとし、平和は両岸（台中）関係の唯一の選択肢であり、台湾海峡の平和と両岸関係の安定的発展に基づく現状維持を表明しています。

そのために台湾の自己防衛力強化と外交政策を展開しているのです。これについて本来ならば、武力行使を思いとどまらせるためには、相手への対抗手段として自己防衛力を強化するのではなく、武力行使をしてもまったく無意味であることを知らしめるべきでしょう。しかし現実的には何を説明しても中共は聞く耳を持たず自己中心に考えるため、台湾は次善の策として仕方なく自己防衛力を強化しているのです。

民間においても戦争を望まず平和に暮らしたいと願い、言論・思想の自由や人権が統制され抑圧されることを当然のこととして拒否しています。

ところで台湾（中華民国）はもともと中国（中華人民共和国）の一部であったのでしょうか。歴史を考察すると大変不思議です。

・中国大陸では清朝が滅亡し中華民国となった。
・蔣介石率いる中華民国政府軍が、中国大陸での国共内戦で毛沢東率いる人民解放軍（中国共産党）に敗れ、中華民国政府軍は蔣介石とともに台湾に渡り台北に遷都した。
・その中華民国は現在まで中華民国台湾として存続している。よって台湾（中華民国）は中国（中華人民共和国）の一部であるという理論は成り立たず、さらに台湾（中華民国）が過去に中国（中華人民共和国）の一部であったという歴史的な実態もない。
・それでも中国は清朝の時代に台湾を統治した実態があるからというのであれば、清朝が倒れて中華民国になり、その中華民国は台湾に渡りそのまま中華民国台湾として現在も台湾に存続しているのであるから、逆の発想で当時中国を統治していたのは中華民国であるため、中国は台湾の一部であると考えることもできるのである。

さらに言えば、李登輝元総統の言葉を引用すると「確かに台湾には中国からの移民が多い。同様に米国の移民の多くは当初英国から渡ってきた。それをもって米国は英国の一部であるという者がいるであろうか。台湾と中国との関係も同様である」とも考えられます。

人種とは、人間を外観で区分する形質人類学上の分類であり、これは遺伝子で決定するのであり、個人の努力ではどうにもなりません。

国民とは、人間を国籍により分類したものであり、外見だけでは区別できず、個人は原則として希望する国民になれ、その国と運命を共にし、その国の国民として義務を果たすことになります。

民族とは、運命共同体であると信じる人間の集団であり、民族の本質は理屈ではなく感情なのです。

中共は、「中国と台湾は共通の運命共同体の下にあり、同じ民族である」と考えているようです。

しかし台湾は、「台湾人は大陸の中国人とは運命が異なり、人種は同一でも感情の異なる違う民族である」と考えています。

新台湾人（新しい時代の台湾人）としてのアイデンティティ（自分は何者なのかを認識し、他者と区別できる感覚）を持つ民族としての民主台湾は、独裁（権威）中共というまったく異なる世界を運命共同体として共有する必要性などまったくないのです。

チベットや新疆ウイグル自治区などでも自分たちの運命や感情は中共とは異なると考えています。

台湾有事の可能性

当該武力行使の可能性は極めて低いと思われます。理由は以下のとおりです。

・米中の総合的軍事力には大きな開きがあり（米＞中）、中華圏独特のメンツにかけたとしても実力差から考えて行使は難しい。

・自由主義諸国は民主主義の最前線の砦である台湾を強力に支持している。
・もし武力行使がなされた場合には、国際的な反発は香港の比ではない。中共の「一帯一路」（中国を起点にユーラシア大陸全域や南太平洋を結ぶ経済圏構想）も大きく失速し、一党支配体制も揺らぎかねなくなってしまう。
・台湾の民意は圧倒的多数が現状維持であり、中共による台湾統一を支持する勢力はほんのわずかにすぎない。よって万一武力による統一がなされたとしても、武力で強制的に抑え込んだ民意を鎮静化することはできず、かえって混乱が起き新たな分裂が生じてしまう。
・なお、このたびの台湾有事では、権力集中、忖度などにより、周囲の客観的事実が見えなくなり暴走を招かないか、目前の感情論（メンツなど）が優先されてしまわないか、ほんの少し憂慮している。

二．地政学上のリスクおよび対応

台湾有事の際の地政学上のリスク

台湾有事の際の地政学的なリスクは、例えばこのように考えることができます。

・世界は主に民主主義体制と独裁（権威）主義体制に分断されつつあるが、台湾は民主主義体制の最前線にある。よって台湾有事になり香港と同様になってしまうと、世界の民主主義体制に大きな影響を及ぼしてしまうことになる。

・中共がインド太平洋地域を支配することになると、この地域の全人口とＧＤＰは世界の約3分の2を占めることになり、その中心としての中国は世界の最強国になってしまう。

・台湾は第一列島線（九州を起点に、沖縄、台湾、フィリピン、ボルネオ島に至るライン）の中心に位置している。軍事的に考えると、このラインの東シナ海、台湾海峡、南シナ海の水深はそれほど深くはないため、人工衛星などで原子力潜水艦の海中活動を偵察することができる。中共が台湾を手に入れてしまうと、水深はますます深くなり、次の第二列島

「第一列島線と第二列島線」

線（伊豆諸島を起点に、小笠原諸島、グアム・サイパン、パプアニューギニアに至るライン）を簡単に突破し、第三列島線（アリューシャン列島からハワイ、南太平洋の米領サモアを経てニュージーランドに至るライン）まで到達でき、安全保障面からも日米欧諸国の脅威となる。

・現在半導体は、スマートフォン、パソコン、家電、自動車などから科学機器、人工衛星、宇宙船まで、幅広い電子機器に採用されている大変重要なアイテムである。その生産拠点であり世界の半導体供給地としての台湾の半導体産業は現状において世界の絶対的地位にあり、戦略的価値が高まっている。よって中共が台湾を抑えてしまうと、日米欧諸国は経済的に大打撃を被ることになってしまう。

・日本においては、北方領土問題により確執のあるロシア、ミサイル発射により脅威となっている北朝鮮の他に、新たに中共と対立することにもなる（尖閣諸島をめぐっては既に対立しているが）。

自由主義諸国の対応

台湾有事のリスクを可能な限り低減するために、以下のような対応がなされています。

・２０２３年５月に広島でＧ７サミット（日、米、英、仏、独、伊、加の７ヵ国首脳ならびに欧州理事会議長および欧州委員会委員長が参加して開催される首脳会議）が開催されたが、このたびはそのほかにインド、豪州、韓国、ベトナムなど８ヵ国の首脳を当該サミットに招待した。そこでは世界のＧＤＰ上位10ヵ国のうち中国以外の９ヵ国が広島に集まったことになり、強力な対中共への共同戦線になった。

・軍事力の観点からは現状の台湾は中共の比ではないが、台湾単独ではなく自由主義諸国の協力のもとで軍事バランスを優位にもっていくことにより、中共の武力行動を抑止することも可能になる。つまり相手に侵略できないと思わせる必要がある。

・半導体供給面における台湾のＴＳＭＣの位置付けは一段と高まることになるため、米国や日本をはじめ生産拠点の誘致を早めているが、地政学上のリスク分散の観点からもこのような国際分業体制の強化は必要である。

ところで中共の立場では、台湾有事（台湾問題）は中国国内のことであり、内政干渉に断固反対しています。

しかしチベットでも新疆ウイグル自治区でもそして香港でも、ひどい人権侵害が生じているのが実情です。同様に、もし中共が台湾を併合してしまったら、台湾人の人権が侵害されることは明白であり、これは内政問題どころかさらに重要な人権問題であり、必ず阻止しなければならない国際的関心事になります。

一方、中共は世界からの孤立を自ら望んでいるわけではなく、中国が発展するためには他国との外交関係を構築したり貿易取引を行ったりする必要があり、他国に依存している面も多々あります。

そこで自己中心的に行動すれば孤立化もあることを十分に知らしめながらも、中共を教導する施策も大切です。政策、文化、慣習などは異なっても、顔が見える関係になればお互いの考え方の理解にもつながるため、共通の敵をただ包囲するだけではなく、外交努力を重ね地域の安定を確立すること、それこそが安全保障につながっていくことになると思います。

大局的願望

ところで、より重要なことは、表面上の対応ではなく、実態に目を向けることです。民主主義国家は国民が主権を持ち、国民が政治に参加して国を動かし、言論や思想も自由に謳歌できます。

一方、独裁（権威）主義国家では、国民の意見は反映されず、言論や思想の自由は奪われ、単独の支配者に権力が集中します。

歴史が示すとおり、国民を敵に回した政権は必ず滅びています。

台湾は中共と離れてから約75年になりますが、現状の台湾は民主主義政府として国民の信頼を得ています。

それに対し中共は一党独裁の共産党政府であり、国民から言論・思想の自由を奪い、すべてを管理し抑圧しています。

主義・主張どころか文化・慣習なども異なる両政府を強制的に一つにする理由はまったくありません。それどころか実態は既に独立した二つの別々の国家として存在していると見る方が妥当です。

地政学的にも重要である台湾海峡をはさんだ両国家が、いがみ合うことなく平和を願い、経済・文化交流を密にした方が、両国家のみならず世界にとって、どれだけ有意義なことでしょうか。


日本では1936年、地方の農民を苦しめるような政策により格差が広がったため、憤った青年将校等が歴史に残る大きな事件を引き起こしました。

そこで日本はそのような国内問題の矛先を国外に向け、中国大陸などに出兵しました。ここに近代日本がかつて失敗した原因の一つがあります。

現在の中国は当時の日本と同じく、内政の各種問題（不動産バブル崩壊関連、金融負債関連など）の矛先を国外に向け、たとえ武力を伴ってでも台湾を併合しようとしています。

歴史は繰り返すのです。

民主台湾は民主主義の実態を既に兼ね備え、自由主義諸国も自由と人権尊重の民主台湾であるからこそ連帯意識をもって民主主義の最前線の砦としての台湾を支持しています。

台湾人のパスポート上にも「ＴＡＩＷＡＮ」という文字が大きく目立つように記載されています。

これらのことは、台湾は既に実質的に主権国家として存在していることを意味しています。

ということは、現状において台湾独立や台湾統一を考えること自体、意味のあることなのでしょうか？

当然のことながら、中共との統一を望む台湾人などほとんどおらず、現状維持でよいと考えています。

台湾人には祖先が中国人である人がかなりいます。これは中国大陸から台湾に渡ってきた人々が多いからです。

では逆に中国人から見た場合、確かに現状では政治も文化も慣習も異なってしまいましたが、同じ中国出身者に暴力をふるうことに対し、黙って見過ごすことができるのでしょうか。個人のため、メンツのためではなく、中共は両国民のために将来を見据えてより大局的に物事を考えてほしいと思います。

ところで日本と台湾との関係ですが、日本は長年にわたり台湾と経済的・文化的交流も含め良好な関係を築いてきました。

1898年より民政長官として台湾に赴任し、未開発社会から近代社会へと台湾近代化の基礎を築いた後藤新平然り、台湾南部にダムと灌漑用水路を建設し、不毛の土地を肥沃な穀倉地帯に変えた八田與一《はったよいち》の功績然り、現在でも台湾の人々は大いに感謝しています。

また東日本大震災の際には、200億円を超える義援金をどの国よりも早く被災地域に届け、「同胞ですから助け合うのは当然です」と、この上ない「同胞」という言葉を贈ってくれました。

いろいろなことが重なっていると思いますが、明確なのは台湾は超が付くほど親日的であるということです。

日本の故安倍晋三元首相は、強力なリーダーシップのもとで、外交面でも国際社会において日本のプレゼンス向上にきわめて大きな功績を残しました。

特に台湾に対してはコロナ禍において友情ワクチンが贈与され、また「台湾有事は日本有事であり、日米同盟の有事でもある」と呼びかけ、台湾援護の姿勢に台湾は大いに感謝しています。

しかし現状の日本における台湾への対応は、地理的な距離は近くても、政治的・心理的な距離は近づいてはきていますがまだまだの感があります。

同じアジアの中心的民主主義国家であり、インド太平洋地域の中心的な存在なのですから、日本は台湾とさらに親密な関係を築きながら、世界をともに引っ張っていく努力を惜しむべきではありません。

第6章　台湾総統選挙

一．直接選挙

直接総統選挙概要

直近の台湾総統（および副総統）選挙は2024年1月13日（土）に行われます。

現状、立候補者の擁立を予定している主要政党は、民主進歩党（「民進党」：緑）、中国国民党（「国民党」：藍）そして台湾民衆党（「民衆党」：白）です。

現状の総統の任期は4年、再選は1度、つまり連続2期までです（以下、歴代総統の敬称略）。

1996年には台湾民主化の集大成として直接選挙が行われました。

ちなみに直接選挙による初代総統は李登輝ですが、それも含めて今までの台湾の歴代総統は左記のとおりです。

・初　代　蒋介石（国民党）
・第2代　厳家淦（国民党）

・第3代　蔣経国（国民党）
・第4代　李登輝（国民党）
・第5代　陳水扁（民進党）
・第6代　馬英九（国民党）
・第7代　蔡英文（民進党）

選挙権は原則として20歳以上の中華民国国民に与えられ、被選挙権は原則として40歳以上の中華民国国民に与えられます。

台湾の有権者は選挙に関する関心が非常に高く、かなり盛り上がり、これまでの平均投票率も約76％とかなり高いのです。

台湾の民主主義は他国の歴史と比べると、まだまだ芽吹いたばかりで若芽のごとくです。

だからこそ、ぐいぐい芽が伸び、民意を取り入れた変革速度も早いのです。

だからこそ、政治家も社会の変化に対応する努力を惜しんではなりません。

だからこそ、投票する際には、「より良い民主台湾への発展を目標として、市民とともに汗水流して努力したいと心より本気で思っている候補者」を選ぶべきです。

政治家は人々の苦悩の叫びに耳を傾けねばなりません。選挙に勝つだけの目的で市民に頭を下げ、市民のための公約を掲げながら、結果として何もしないような政治家は不要です。有権者は、将来に向け民主台湾をぐいぐいと引っ張ってくれる候補者をしっかりと見極めてください。

中共の台湾総統選挙介入工作

中共は中台統一によるビジネスの利点のみを一方的に台湾企業に呼びかけたり、台湾のメディアをお金で抱き込んだり、フェイクニュースなどの偽情報を流したりしながら、台湾を政治的にも何とかして中共に取り込もうとしています。

当然のことながら、中共は親中派を支持すべく、選挙介入工作を行っていると言われています。

・中国赴任１００万人以上の台湾人へ帰国投票のための航空券提供（親中派への投票圧力）
・華僑団体など親中派への資金提供
・メディア、インターネットなどでの台湾人の不安心理を誘発する左記のような偽情報よる親中派支援
・「米国は信用できない」
・「台湾有事の際に米国は台湾を絶対に助けない」
・「米国は台湾での戦争誘発による中共弱体化を狙っている」
・「ウクライナのようにはなりたくない」

また台湾メディアの買収もあります。

台湾には大手のテレビ、新聞、ネットなどのメディアは十数社あり、過当競争状態のため金銭に対する免疫があまりありません。

そこで中共からの潤沢な資金の提供により、親中派寄りの偏った報道姿勢を示すメディアが複数存在しています。

最近は情報操作により人の脳などの認知領域に働きかけ、その言動をコントロールする認知戦の中心が、ＳＮＳなどに変わってきています。

そこでフェイスブックやエックス（旧ツイッター）やティックトックなどのＳＮＳを通じて偽情報を流すことにより、洗脳が行われているようです。

また反中派を批判・誹謗中傷する動画に対して、多くのアクセス・広告を誘導し収入を増加させる方法で、買収まがいの行為もしています。

特にディープフェイク（偽動画など）には大きな資金を投下しており、その悪用価値（広告収入等）が高額なので、有名ユーチューバーにも反中派から親中派支持に転じて稼ぎを増やした者もいるようです。

偽情報拡散戦略は、莫大な費用と多くの犠牲を伴う武力行使による統一に比べ、安価で安全な統一工作なのです。

有権者には選挙関連の偽情報をしっかりチェックすることが求められます。それには偽情報に踊らされないよう、ＳＮＳなどを利用する側が見聞きした事柄について、常にソースやエビデンスを確認するなど、信憑性の検証を意識する必要があります。
ちなみに偽情報チェックを含むデジタル民主主義での対応において、台湾は世界最先端を走っています。

二．民主台湾の積極現状維持外交に向けて

選挙直前には偽情報も含めいろいろな情報が飛び交い、混乱を極めることになります。しかしそれに惑わされてはいけません。一番大切なことは、中共とは異なる強靭な台湾精神を有している新台湾人としてのアイデンティティのもとで、将来を見据えた民主主義社会を継続してどのように発展させていってくれるのかを示し、決して揺るぐことのない政策を保持してくれる候補者を選択すべきです。

人間の基本的人権である自由権をどう考えるか、国民が主権を握り自由な民主国家としての台湾をより堅固に確立できるか、または選択を誤り自由が束縛される独裁（権威）主義国家の中共に台湾が吸収されてしまうか、これは将来の台湾にとり大きな問題なのです。

約138億年前のビッグバンによる宇宙創生で素粒子（物質を構成する最小単位）が誕生しました。そして、約46億年前の地球誕生、約35億年前の生命誕生、約170万年前の人類誕生を経て、宇宙から降り注いだその当時の物質を現在の人類がその体内にしっかりと受け継いでいます。

その人類を構成する唯一無二の無数の現代人が、無限に広がる広大な宇宙のように制限されることのない自由な発想のもとで様々な展開をしながら、「今」の生活を送っているのです。

しかし一部では閉ざされた世界で苦渋に満ちた生活をしている人々もいます。

自由な開かれた国家とともに発展していってこそ、以前から受け継いできた生命体とともに、唯一無二の存在である人類一人ひとりがその能力を十分に発揮して「今」を生き、その至高な財産を次世代に引き継ぐ意味があるのである。

ところで「民主主義」の解釈も国により異なります。

一般的には「国民が権力を有して行使する政治原理である」としています。

一方、中共では「民主は多様であり、中国式の民主がある。中国は民主と専制の有機的統一を堅持する。民主と専制は矛盾しない。大多数の人を守るためであり、専制の実行は民主の実現のためである」としています。

しかし自由束縛、言論統制、人権侵害などすべてを管理され抑圧される独裁（権威）主義社会をもって民主の実現のためと言い切る国家には、まったく未来が見えません。

台湾の民主は、市民の誰もが心の底から言いたいことを政府を交えてしっかりと話し合うことができ、それによりみんなで共通の価値観を生み出す社会を作り上げているのです。

国民の自由や人権尊重のもとでの民主主義の継続を選択するか、あるいは今までの自由な民主台湾の生活とはまったくかけ離れた国民の言論・行動の自由はく奪、監視、抑圧などに耐えなければならない独裁（権威）主義を選択し、人生を我慢するか。

もし中共も人民のための政治や民意を反映した政治を目指すことができるのであれば、世界は当然歓迎するはずです。

そして台湾海峡の平和を享受しながら中共と経済・文化交流を目指していくこと、これは台湾のみならず世界が望んでいることでもあります。

それは実は中国の国民も、もし自由が許されるのであればまさに望んでいることなのではないでしょうか。


台湾の人々は、イノベーション主導の参加型民主主義社会のもとで自由を享受し、平和を維持し、経済を発展させています。

しかし単なる民主主義で終わることなく、政治的にも経済的にもそして社会的にも自由かつ平等の精神を築いていくべきです。

そのためにもこれからも大いに夢を抱き、それらを実現する社会を作り上げるために、真摯に向き合ってくれる真の候補者を支援すべきです。

第7章　麗しの民主台湾（フォルモサ）

一．世界の舞台へ

地政学上、民主主義社会の最前線の砦として機能している台湾は、国民の言論・思想の自由や人権の尊重を実現し、民意に基づくさらなる発展を目指しています。世界を先導する半導体産業の台湾、最先端を走るデジタル民主主義の台湾、どれをとっても世界での活躍を期待されているのです。

民主台湾が世界へ登場する準備はできています。

あとは世界が認知するのを待つばかりなのです。

二．台湾海峡の平和

国政は国民のための政治であり、何よりも国民の意見を聞くことが大切です。歴史上も、民意を無視した独裁（権威）主義社会は必ず滅びています。

国民の生活をそして国民の心を豊かにする政治を、すべての世界が、すべての国民が、たとえ独裁（権威）主義社会にいる国民でもそれを望んでいるのです。

独裁（権威）主義国家の指導者たち、彼らにも温かい血が流れており、自己の国民を大切にする優しい心が必ずあるはずです。なぜなら彼らも宇宙創成時の物質を受け継ぐ同じ人間であるからです。

自由を奪われ、言いたいことも言えず、人権もはく奪され、ただ上からの命令に何も反抗できず強制的に従わざるを得ない状況を、現代の社会で絶対に作り出してはいけません。世界は、自由・人権尊重のない人間らしさを捨てた独裁（権威）主義に染められてはなりません。

台湾海峡の平和を守り、台湾の積極現状維持外交のもとで、言論・思想の自由と人権を尊重する民主主義の多元的で豊かな社会を、そして幸せな人生を十分に謳歌することを願っています。

三、中共の武力行使による統一の拒否

いつの時代でも戦争は避けなければなりません。そこには勝者も敗者もありません。結果はただ足元に横たわる敗北者のみ。無慈悲の悲しみが残るだけです。

特に将来を背負う前途洋々たる若者たちの貴重な命を、人生を、奪ってはなりません。どこの国にもそれぞれの考え方があるでしょう。しかし根本的に、国家は誰のためにあるのだろうか、一国の指導者のため？　いいえ、当たり前のことですが、人民のためにあるのです。

自己の栄華のためにのみ権力を蓄えるのではなく、足元で我慢を強いられている国民の叫び声をぜひ聞いてほしいと思います。

四．明日の輝ける台湾へ

台湾を自分たちでさらに発展させ、自分たちで国際舞台に押し上げるべく奮闘してチャレンジし、失敗を恐れずに時代の最先端を進んでいく若者たちの計り知れない気概・パワーを感じずにはいられません。

幸せははるかかなたの手の届かないところにあるのではなく、人々の足元にそっと息を潜めているのです。

常に上や遠くを見てばかりいるから、それに気付かずに蹴とばしたり踏んづけたりしているだけなのです。

目の前の原石をしっかりと拾い上げ、優しく輝けるように磨き上げてほしいものです。

周囲の騒音や偽情報に惑わされることなく、しっかりと台湾の大地に根を張り、将来の台湾を、自己の未来を、ゆっくりと考えてください。

ほら、輝く台湾が、輝く自分が、瞳の中に映ってくるでしょう！

台湾民主化の父とも呼ばれた李登輝元総統は、台湾をこよなく愛しました。

李登輝元総統によれば、民主台湾は急に生まれたのではなく、様々な民族・文化を受け入れながら歴史の積み重ねの中で生まれた、とのことです。その結果、新しい台湾人の台湾が存在するようになったとし、第1章でも説明したとおり、以下のように述べています。

「本日、この土地でともに成長し、生きてきたわれわれは、先住民はもちろん、数百年前あるいは数十年前に来たかを問わず、すべてが台湾人であり、同時にすべてが台湾の真の住人であります。われわれは台湾の前途に共同責任を負っています。いかにして台湾に対する愛惜の念を具体的な行動としてあらわし、台湾のさらなる発展を切り開いていくかは、われわれ一人ひとりが『新台湾人』としての、他に転嫁できない使命であります。同時に、われわれが後代の子孫のために輝かしい未来図を創造することも、背負わなければならない責任であります」

新台湾人による連帯は、必ずや台湾の輝かしい未来を切り開き、無限の可能性に満ちた台湾を創造していくことでしょう。

そのためにも確固とした揺るぎない信念のもとで、国民が目指す明確な方向に台湾を導いてくれる指導者そして政党を、信頼をもって選択してほしいと切に願っています。

台湾の有権者の貴重な一票が、民主台湾の将来を、そして自由主義諸国の将来を決定していくのです。

おわりに

私は1991年7月1日付けで当時のアーサーアンダーセン会計事務所の東京事務所より同系列の台湾の勤業会計師事務所（台北事務所）に赴任しました。

当時の台北事務所には日商組（日本企業担当グループ）があり、日系企業に各種サービスを提供していましたが、クライアント（顧客）が増えたため日本人駐在員が一人では対応できず交代要員として二人必要になりました。そこで台湾事務所の日商組のトップが東京事務所を訪れ、東京でお会いしました。

その翌日、東京事務所の担当者より「白石君、台北事務所に行ってくれるかい」との依頼を受け、台湾とご縁ができました。

当時の日本は中共を見据えていたため台湾のニュースなどはまず入ってくることはありませんでした。異動を知った友人も「おめでとう。タイに駐在が決まったんだって」と言ったほど、台湾という名前にピンとくるものはなかったようです。

今では一人当たりGDPが日本とほぼ肩を並べていますが、1991年当時の台湾はまだ発展途上であり、いろいろなことが当たり前のように起こりました。

タクシーに乗ると床にポコッと穴が開いていたり、事務所でお茶（ウーロン茶）を飲もうとカップの中をのぞくと、そこにゴキブリが飛び込み自殺していたり。しかし、当時はウーロン茶を飲めるのはまだましな方で、大半の人は白湯《さゆ》でした。コーヒーなどは高級ホテルに行かなければまず飲めませんでした。しかもとんでもなく高い！

その時感じたことは「これは大変なところに来てしまったな」ではなく、「これは自分で何でもできるやりがいのあるところに来たな」でした。

その際に、台湾はこれから急速に発展していく楽しそうな和気あいあいとした民主主義国家となり、経済もますます発展していくであろう感覚を、肌ではっきりと感じ取ることができました。

ご存じのとおり、台湾以上に親日的な国はありません。

また政府から監視されたり抑圧されたりして恐怖を感じることなどまったくなく、夜中に一人で出歩いても基本的には安全です。

怖いのはあまりに親密になり過ぎ、度を超してしまうことの方でしょうか。でもそのくらい台湾ではまだまだ人情味があるのです。


台湾ビジネスで一番記憶に残っているのは、当時の台湾新幹線プロジェクトでした。

当初は欧州連合が契約したのですが、１９９９年9月21日に発生した台湾大地震などが原因で風向きが変わりました。日本方式は地震防御策が十分であることなどにより日本連合が盛り返し、結果として日本連合に変更されたのです。

しかし純粋な日本方式ではなく、欧州システムと日本システムが混在したこともあり、竣工までに大変な苦労があったようです。

当時は会計事務所（監査法人）に勤務していましたので、複数社の会計・税務をお手伝いしましたが、日本本社はもちろんのこと台湾拠点でも、規則通りの対応をすることにより、民主主義然としたしっかりした数値を提供することができました。

早期退職後は、今まで台湾の方々に大変お世話になりましたので、何か日台の架け橋的なお手伝いができればと思い、台北市日本工商会が台湾政府に毎年提出する白書の初代編集長を数年務めました。

その際には台湾政府関係者とも打ち合わせをしましたが、常に監視されているどこかの国とは異なり、言葉を慎重に選ぶことなく思ったことを自由に討論することができました。また、彼ら彼女らはとにかく腰が低く、同じ目線で話を聞いてくれます。民主主義を謳歌する理由の一端を垣間見た気がしました。


台湾ではいろいろと勉強し楽しい体験をたくさんさせてもらいました。

麗しの国、台湾……日本人にとり仕事も含めてこんなに安心して生活できる親しみやすい国は他にありません。

またどんなことが起ころうとも、どんなに辛い思いをしても、臆することなく勇敢に立ち向かう若者たちの台湾を愛する熱い思いに、大いに感動させられました。

同時に、この台湾という国は、将来を背負うこのような若者たちに支えられた素晴らしい国になっていくことを確信しました。

その台湾に30年居住し、人生において最も脂が乗る時期に台湾の方々と苦楽をともにできたことは、望外の幸せでした。

日本語による初めての「台湾への投資・会計・税務」関連の専門書も執筆することができ（合計5冊）、充実した人生を送ることができました。

また台湾の方々には、公私ともに大変お世話になりました。

その台湾は今まさに、中共からの威嚇を受け大変な脅威にさらされています。

しかし自由と人権を尊重する民主主義政権の代表の一つである台湾は、自由主義諸国などの同盟的国家に守られ、これからもさらなる繁栄を続けていくことでしょう。

台湾は現在、民主主義の最前線で独裁と対峙する大きな砦なのです。地政学的に民主主義の防波堤の役割を担う台湾を世界は注視し、その動向を見守り支援しているのです。

世界に大きな影響を及ぼしている台湾、その台湾の自由が奪われるようなことは決してあってはなりません。

なお台湾は自らの民主主義国家としての主権を守るためだけに自由主義諸国に支援を求めているのではないことを覚えておく必要があります。デジタル民主主義や半導体産業で世界を先導する台湾を防衛することにより、結果として世界が大きな恩恵を享受し、共通の価値観を継続的に共有できることも忘れてはなりません。

現状の民主台湾を積極的に支持することが、これからの世界にとりいかに重要であるのか、じっくりと考えてみてください。

同時に、現在享受している日々の生活が強制的にまったく別の世界に変貌し、行動を制御され身動きできなくなり、思想も統制され、現代社会に必需品となっているスマートフォンやパソコンなどでの自由な対話や表現が不可能になってしまう、そんな「未来」を想像してみてください。

地政学的に大変重要である台湾海峡の積極的現状維持は必須です。

今、何が起ころうとしているのか、それを阻止するためには今、何をしなければならないのか、将来を見据え真剣に考える必要があります。

これからも台湾の人々が、新台湾人としての新しい時代の生き生きとした息吹を吹き込むことができるよう、また日本など自由主義諸国の人々が、民主台湾に限りない支援の手を差し伸べることができるよう、当該書籍が少しでもお役に立つことができれば幸いです。

現在社会で大いに活躍されている方々、これからの社会を背負って立つ力強い若者たち、そして将来の世の中に夢を抱く子どもたちが、どの世代、どの時代になっても基本的人権の基盤である自由と尊厳を大切にする民主主義の社会を築いていくことを切に願っております。

台湾で人生の大切な時期を台湾の方々とともに過ごせたこと自体、私にとりかけがえのない宝物です。心の中に大切にしまっておき、時々は瞳のスクリーンへモノクロ映画として映してみます、追憶として。

これからも日台の絆をより堅固により太く結びつけられるよう、微力ながらお手伝いできればと願っております。

このたびは台湾在住の大学の先輩である柴山晴哉氏より紹介を受け、野口五十六氏と地元群馬にて初めてお会いし、野口氏のご好意により台湾関連の書籍を共著にて執筆する機会をいただきました。感謝しております。

また、参議院議員の武見敬三先生には、ご多忙であるにもかかわらず鼎談にて大変貴重な経験談をお話しいただき、誠にありがとうございました。

最後に、ごま書房新社の代表取締役池田雅行様および百年書籍の谷垣吉彦様には多大なご協力をいただきました。ここに謹んで感謝の意を表す次第です。

白石　常介

◆参考文献

・『新・台湾の主張』（李登輝 著）ＰＨＰ研究所
・『台湾の主張 新版』（李登輝 著）ＰＨＰ研究所
・『李登輝』（早川友久 著）ビジネス社
・『オードリー・タン デジタルとＡＩの未来を語る』（オードリー・タン 著、早川友久 姚巧梅 訳）プレジデント社
・『まだ誰も見たことのない「未来」の話をしよう』（オードリー・タン 語り、近藤弥生子 著）ＳＢクリエイティブ
・『オードリー・タンの誕生』（石崎洋司 著）講談社
・『蔡英文 新時代の台湾へ』（蔡英文 著、前原志保 監訳、阿部由理香 篠原翔吾 津村あおい 訳）白水社
・『中国はどこまで世界を壊すか』（石平 矢板明夫 著）徳間書店
・『台湾ＶＳ中国』（近藤大介 著）ビジネス社
・『台湾に何が起きているのか』（福島香織 著）ＰＨＰ研究所

◆著者略歴

野口 五十六（のぐち いそろく）

（経歴）

1948年　群馬県富岡市に生まれる。
1969年　二松学舎大学中国語課卒業。
1971年　中華民国国立政治大学東亜研究所、奨学金留学。
1973年　中華民国国立政治大学東亜研究所、修士課程修了。
1975年　アメリカで台湾電卓の商事会社を創業。
　　　　台湾のパイオニアとして初の世界ブランド“Aurora”を創建。
1985年　中村天風哲理と出会う。
1990年　Teledex Incを創業、相談役。
2023年　日本帰国。アメリカ48年間駐在。

（著書、論文）

「毛沢東与劉少奇之路線闘争」中国語論文（東亜研究所、1973年）
「敦煌の印象」孔柏基画集、翻訳（サンブリッジ社、1990年）
「文明の大潮流」野島芳明、共著（日本教文社、1995年）
「超古代巨石文明と太陽信仰」野島芳明、共著（日本教文社、1998年）
「リサイクル英中基礎会話」（エスプリライン社、2002年）
「ルサイクル英中旅行会話」（エスプリライン社、2005年）
「日本文化の底力」野島芳明著企画編集（光明思想社、2008年）
「心を建て直す」（幻冬舎新書、2012年）ルネッサンス
「天風式ヨーガと瞑想の勧め」（幻冬舎、2018年）メディアコンサル

白石 常介（しらいし じょうすけ）

（経歴）

・1956年　群馬県生まれ。
・慶應義塾大学卒業。
・アーサーアンダーセン会計事務所（東京）入所。
・1991年　台湾の勤業会計師事務所　赴任（アーサーアンダーセン台湾事務所、現“勤業衆信聯合会計師事務所”デロイト トウシュ トーマツ加盟事務所）。
・2012年5月　上記会計師事務所退職
・2012年7月　白石国際顧問股份有限公司 董事長兼総経理 就任
・2012年～2015年　台北市日本工商会 白書 編集長
・2015年～2018年　乾杯股份有限公司 監査役 就任
台湾ぐんまサポーターズ（群馬県観光大使）、嬬恋村キャベツ大使など歴任

（著書）

「台湾進出企業の手引」（1996年7月）税務経理協会
「台湾進出企業ハンドブック」（2000年11月）税務経理協会
「台湾ビジネスの法務・会計・実務」（2003年9月）税務経理協会
「台湾の投資・会計・税務」（2007年3月）税務経理協会
「経営者のための台湾への投資・会計・税務」（2011年1月）税務経理協会
「CherrieとSweetieの日本酒珍道中・人生街道」（2013年11月）角川学芸出版
「CherrieとSweetieの爆笑ゴルフコンペ in 台湾」（2014年9月）角川学芸出版
「短編物語　それぞれの旅」（2015年8月）角川文化振興財団
「短編集　こもれび」（2019年3月）
「日本酒の魅力が満杯！」（2022年9月）ごま書房新社など

― 積極現状維持外交 ―
『民主』台湾の
未来永劫の繁栄を願って

2023年10月12日　初版第1刷発行

著　者　野口 五十六
白石 常介
発行者　池田 雅行
発行所　株式会社 ごま書房新社
〒167-0051
東京都杉並区荻窪4-32-3
AKオギクボビル201
TEL 03-6910-0481（代）
FAX 03-6910-0482
編集協力　（株）百年書籍 谷垣 吉彦
カバーデザイン　（株）オセロ 大谷 治之
DTP　海谷 千加子
印刷・製本　精文堂印刷株式会社

ISBN978-4-341-08841-5 C0030